Meine Seele ist wie ein Ozean
– Warum versteht mich denn keiner?!

Walter Nitsche

Meine Seele
ist wie ein
Ozean

Warum versteht mich
denn keiner?!

AsB
Arbeitsgemeinschaft
seelsorglicher
Berater
AsB-Verlag
Teufen AR · Schweiz

edition φ philemon
friends-media e.K · Birkenfeld

ISBN-Nr. 978-3-9524135-2-4
AsB-Fachbuch Nr. 10

© 2017 by AsB-Verlag, W. Nitsche, Teufen AR/Schweiz
www.asb-verlag.ch
E-Mail: info@asb-verlag.ch

in Koproduktion mit
edition φ philemon / friends-media e.K. Birkenfeld

ISBN-Nr. 3-93536810-0
Buch-Nr. 310

Umschlag: DC-Agentur, Merenberg
Herstellung: media-aktuell, Birkenfeld

Benutzte Bibelübersetzungen:
LUT = Luther (2017)
ELB = Elberfelder (1985)
SLT = Schlachter (2000)
NGÜ = Neue Genfer Übersetzung (2012)

Inhalt

Danksagung

Besonderen Dank all jenen Freunden, die zur Entstehung dieses Buches beigetragen und allen „Ozean-Seelen", die mir vertrauensvoll einen sehr tiefen und offenen Einblick in ihr Seelenleben ermöglicht haben.

Besonderen Dank allen, die bereit waren, ein persönliches Statement zu publizieren.

Besten Dank auch meiner wertvollen Ehefrau Iris, die sämtliche „Geburtswehen" zur Entstehung dieses Buches mitgetragen, redigiert, korrigiert und mich stets gefördert und ermutigt hat.

Für die wertvollen inhaltlichen Anregungen und das Redigieren danke ich Yvonne Wieland, Königswalde/Erzgebirge; meinem Sohn Benjamin Nitsche, Gießen, Renette Hofmann, Karlsbad und Äni Rastberger, Basel.

Herzlichen Dank für das Korrekturlesen des Manuskripts durch Monika Schmikl, Graz. René Adam, Merenberg, sowie der gesamten DC-Agentur danke für die grafischen Tipps und Arbeiten.

Vor allem danke ich meinem Schöpfer, dass er seine typologischen Kreationen auch mir selbst in so hilfreicher Weise nahegebracht hat. Dadurch kann und darf ich sie jetzt auch anderen Menschen weitergeben.

Vorwort

In meinen zahlreichen Seminaren, nicht nur in Deutschland, Österreich und der Schweiz, sondern auch in Italien, Bulgarien, Ungarn und Israel begegneten mir zahlreiche wundervolle, liebenswerte Menschen, die allerdings ein sehr negatives Selbstbild hatten.
Selbstverständlich sind die Gründe dafür mannigfaltig. Doch eine Ursache bestand darin, dass diese facettenreichen Personen oftmals durch ihre eigene Persönlichkeit irritiert wurden, weil sie diese weder richtig verstanden noch einordnen konnten.

Nachdem diese kostbaren Leute über die vorliegende Typologie aufgeklärt wurden, änderte sich das Selbstbild sehr oft innerhalb kurzer Zeit zum Positiven.

Vor Jahren hatte ich mich entschlossen, das Wesentliche über die „Empfindungs-Grund-Typen" der menschlichen Persönlichkeit zusammenzufassen und in einem Buch darzulegen.
Motivation gaben mir verschiedene Statements von Leuten jeden Alters, aus allen Gesellschaftsschichten und den verschiedensten religiösen Hintergründen – aber auch Menschen ohne einen religiösen Hintergrund.
Nachfolgend ein paar Beispiele berührender Zitate.

Ich hoffe, dass Sie, liebe Leserin, lieber Leser, durch diese Ausführungen ebenfalls persönlich profitieren können.

Walter Nitsche, Februar 2017

„Zu wissen, dass ich eine Ozean-Seele bin, hat mir so viel gebracht, dass ich andere Menschen auch in diese Kategorien einordnen und sie so besser verstehen und ihr Handeln besser nachvollziehen kann.

Des Weiteren kann ich auch mein eigenes Handeln erklären und darauf besser reagieren. Allerdings ist es schwierig, dies vor Menschen zu rechtfertigen, die diese Seelen-Typologie nicht kennen.

Was mich früher von anderen Menschen unterschieden hat und ich nicht logisch erklären konnte, kann ich nun durch meine Ozean-Seele erklären, allerdings eben nicht für jeden nachzuvollziehen.

Ich lerne nun, auf meinem „Ozean" zu surfen, bzw. das Beste daraus zu machen und die Menschen in meinem Umfeld in ihrem Seelenleben zu unterstützen."

Dorea Baumann,
BWL-Marketingmanagement-Studentin

„Von den Ozeantypen hörte ich das erste Mal in einem Basiskurs der Arbeitsgemeinschaft seelsorglicher Berater (AsB). Sofort erkannte ich mich selbst als Ozean-Seele wieder, was praktisch sehr hilfreich für mich war.

Ich lernte mich dadurch endlich besser verstehen, mich anzunehmen und mir zunehmend eine gesunde, gottgewollte Selbstliebe zukommen zu lassen. Die "Wellen" meiner Ozean-Seele wurden zwar nicht weniger, doch ich habe inzwischen gelernt, damit umzugehen; gelernt mich in einem Sturm zu bewegen, ohne unterzugehen.

Nun bin ich mutig und zuversichtlich mit einem "Surfbrett" unterwegs und lerne immer besser auf den hohen Wellen zu "surfen". Dabei kann ich meinen innerseeli-

schen Ozean sogar immer mehr lieben. Das Schöne dabei ist zudem, dass ich die Ozeantiefen meiner Mitmenschen besser verstehen und annehmen kann."
Rahel Benker, Kindergärtnerin, Bern

„Die Erkenntnisse über die Ozean-Seele waren für mich absolut wertvoll! Vorher verstand ich mich oft selbst nicht. Ich war oft hin- und hergeworfen und konnte das "bunte Treiben" in mir gar nicht recht einordnen. ... Jetzt kann ich mich viel besser erkennen und durch eine "Partnerschaft" mit meiner Ozean-Seele zusammen das Leben meistern.
Ja, ich freue mich heute daran, wie Gott mich erschaffen hat. Viele Selbstzweifel sind weg. Gemeinsam bauen wir nun an dem Plan, den Gott für mein Leben – mit meiner Ozean-Seele – hat."
Michael Rauschenberger, Wachdienstmann und
ganzheitlich-seelsorglicher Begleiter (AsB), Lübeck

„Aus ganzem Herzen kann ich nur sagen, dass mir die Erkenntnisse über die Ozean-Seele sehr geholfen haben. Zuerst einmal war es sehr befreiend zu erfahren, dass ich mit meiner Ozean-Seele wirklich okay bin. Und vor allem: genauso von Gott erschaffen, gewollt und geliebt! Tatsächlich kann ich mich selbst besser annehmen und auch andere viel besser verstehen – und annehmend akzeptieren.
Vorher litt ich sehr beim Auf- und Ab meiner Gefühlsschwankungen; mal war ich gut, mal schlecht drauf („Indischer Ozean"). Jetzt bin ich nicht mehr so abhängig von meinen Gefühlen – und vor allem nicht mehr so abhängig von der Meinung anderer. Ich weiß und ich fühle

mich geliebt und geborgen in Jesus. Und ich fühle mich völlig angenommen."
Regina Kugler, Hausfrau und ganzheitlich-seelsorgliche Begleiterin (AsB,) Schopfloch/Schwarzwald

„Die Erkenntnis, eine Ozean-Seele zu sein, hat mir geholfen, mit meiner Zerrissenheit und mit meinen emotionalen Hochs und Tiefs besser umzugehen. Es ist gut zu wissen, dass all das, was oberflächlich gesehen kompliziert aussieht, nicht "falsch" ist, sondern dass Gott mich genauso geplant hat - facettenreich.
Dieses Wissen ermöglicht mir, mich selbst besser annehmen zu können und ist auch sehr hilfreich im Umgang mit anderen. Ich kann Menschen aus einem anderen Blickwinkel sehen und vieles besser verstehen und nachvollziehen - auch im Familienleben."
Annette Laborenz, Hausfrau, Mutter von sechs Kindern und ganzheitlich-seelsorgliche Begleiterin (AsB), Willstätt

„Die Einsicht, dass es viele "Ozean-Seelen" gibt, und damit viele Menschen, die sich „normal" mit emotionalen Hoch- und Tiefphasen durch das Leben kämpfen müssen, hilft weiter.
Aber um in Bildern zu bleiben: Das Wissen über die "normalen Wellenberge" eines Ozeans lässt auch die Gelassenheit zu, dass das Meer sich nach der aufgewühlten Phase wieder beruhigt…"
Katja Kreeb, Sozialdezernentin, Engelsbrand

Weitere Statements unter den verschiedenen Kapiteln und im Anhang.

Einführung

Irritationen belasten jegliche Art von Beziehungen – Beziehungen untereinander und zu sich selbst. „Ich verstehe mich nicht" ist genauso die Folge einer Irritation wie „ich kann das überhaupt nicht nachempfinden, was du mir da erzählst." Kennen Sie solche Irritationen in Ihrem Leben? Ich schon. In meinen Seminaren begegnete ich in den letzten Jahren Hunderten von Menschen, denen es ähnlich ging.

Die Irritationen können Folgen haben: Wenn wir etwas nicht verstehen, neigen wir dazu, es abzulehnen oder zumindest negativ zu betrachten. Wenn man sich selbst nicht tiefgehend versteht, besteht die Gefahr, die eigene Persönlichkeit „nicht zu mögen" oder eine Abneigung gegen Teile davon zu entwickeln.

Bei anderen Menschen ergeht es uns ähnlich. Es baut sich sogar ein „Erklärungsdruck" auf, wenn wir einen anderen nicht verstehen können. Auch wenn die Erklärung, die ich mir gebe, falsch ist: Hauptsache, man hat eine Erklärung. Dazu später mehr.

Vorurteile, Fehlurteile und tiefgehende zerstörerische Missverständnisse können Auswirkungen davon sein. Das geschieht auch beim Erklärungsdruck sich selbst gegenüber. Man fällt eine (falsche) Selbstdiagnose wie „ich bin gestört" oder „bin sicherlich seelisch krank", jedenfalls „nicht normal" oder „komisch".

Wenn man im „Gästehaus Credo" in Wilderswil (einem unserer AsB-Seminar-Standorte) im Speisesaal aus dem Fenster schaut, sieht man das gewaltige Bergmassiv von Eiger, Mönch und Jungfrau – überwältigende Diamanten in der herrlichen Schweizer Alpenwelt. Beeindruckende Naturwunder, die in verschiedensten Größen und Formen überall in den Alpen vorkommen.

Dass die Schöpfung um uns herum einen einzigartigen Facettenreichtum aufweist, der sich in einer üppigen Farbenpracht und Formenvielfalt auszeichnet, wird mir auch beim AsB-Standort „Haus Saron" in Wildberg – einer Oase der Ruhe mitten im Nordschwarzwald – immer wieder deutlich.

Genauso wie beim Ausbildungszentrum der AsB im „Haus Bethanien" in Karlsbad-Langensteinbach. Dieses Haus liegt am Fuße des Nordschwarzwaldes direkt am Waldrand, inmitten einer gepflegten Garten- und Parkanlage mit vielförmigen Blumen und Sträuchern. Besonders die wunderschönen Rosen erfüllen die Luft mit ihrem zarten Duft.

Das Wesen der Schöpfung weist auf das Wesen des Schöpfers hin. So ist folgerichtig anzunehmen, dass wir Menschen ähnlich vielfältig und mannigfaltig geschaffen sind. Nicht nur körperlich, sondern auch psychisch. Doch die Vielfalt menschlicher Grundtypen wird sehr oft vernachlässigt.

Gerade das Entdecken unseres seelischen Facettenreichtums erweitert unseren Beziehungs-Horizont, so dass wir fähiger werden, uns selbst und auch andere besser zu verstehen und dadurch auch liebevoller mit uns selbst und anderen umgehen zu können.

Je besser wir uns selbst und andere in ihrem eigentlichen Wesen verstehen, desto weniger sind wir irritiert und desto besser können wir durch Annahme, Verständnis und „aktives lieben" (diesen Begriff werden wir später noch klären!) darauf eingehen.

Typologische Konzepte führen häufig dazu, sich und andere in eine Schublade stecken zu wollen – zum „besseren Erfassen"... Doch in ein Schema eingezwängt zu werden, geht am Wesentlichen völlig vorbei.

Kein Mensch kann einen anderen Menschen hundertprozentig ganzheitlich erfassen. Unsere Persönlichkeit wurde von einem allmächtigen multidimensionalen Gott kreiert und genau so wenig, wie wir das Wesen Gottes zutiefst und ganzheitlich erfassen können, genau so wenig können wir das Sein des Menschen in seiner Persönlichkeit zutiefst und ganzheitlich erfassen. Wir können uns nur in Demut und Ehrfurcht diesen Geheimnissen nähern.

Dabei spielt es keine Rolle, ob Sie persönlich an einen Gott glauben oder nicht. Oder ob Sie – wie ich selbst – den Zugang zu Gott durch eine persönliche Liebesbeziehung mit Jesus Christus gefunden haben. Lassen Sie diese existenziellen Fragen hier völlig beiseite – oder denken Sie erst später darüber nach. Jetzt gilt es zu erkennen, dass die Vielgestaltigkeit der menschlichen Seele mit ihrer Tiefe und Komplexität einfach ein „Naturwunder" ist, dem wir uns nur forschend und respektvoll nähern können, damit wir auch die verborgenen Schönheiten entdecken können.

Ole Hallesby schreibt: „Konzepte verhelfen zu einem umfassenden Blick auf die Dinge und – mit Hilfe der Einordnung aufgrund eines Konzeptes – zum Verständnis der Beziehungen zwischen den unendlich mannigfaltigen Eindrücken des täglichen Lebens."[1]

Andererseits ist das bloße Schubladisieren einer Persönlichkeit stets ein Missbrauch eines typologischen Konzepts.

Wir sollten uns selbst und unser Gegenüber aus verschiedenen Perspektiven betrachten, um zu einem besseren Verständnis der „Persona" (lateinisch: Maske) und zu vermehrter Beziehungs- und Liebesfähigkeit zu kommen.

Bedenken wir: ein Mensch ist ein Typus (griechisch: Urbild) und ein Original (lateinisch: Ursprung) zugleich!

„Ein Typ ist kein Original", schreibt der ev. Theologe Dr. Uwe Böschemeyer, der bei Viktor Frankl Logotherapie und Existenzanalyse studierte, „ein Typ ist eine Struktur, die nicht nur einmal, sondern viele Male in Erscheinung tritt. Menschen sind Originale, weil in der Tat keiner dem anderen gleicht.
Doch Menschen sind auch Typen. Sie haben Eigenschaften und Verhaltensweisen, die auch an anderen zum Vorschein kommen.

Was einen Menschen jedoch zum Leben befreit, ist nicht das Typische an ihm, sondern seine Originalität. Das Typische beschwert und erleichtert sein Dasein, das Originäre begründet seine Liebe zum Leben.

Deshalb ist es wichtig, dass er das Typische, das ihn einengt, überwindet, - und das, was ihn fördert, aus sich herauslebt.

Diese beiden Aufgaben gelingen ihm allerdings nur in dem Maße, in dem er sich ausstreckt nach seiner Originalität.

Was ist die menschliche Originalität? Das Eigene in ihm, sein unverwechselbarer Personenkern, sein ihm eigenes Wesen."[2]

Eine weitere positive Auswirkung unserer Forschungsreise wird sein, dass wir bestimmte Verhaltensweisen nicht mehr pathologisieren (als krank erklären), nur weil wir sie nicht richtig einordnen können oder sie uns völlig fremd erscheinen.

Diese Unart ist weit verbreitet: das Fremde, das Unerklärliche, das Besondere, das nicht in unsere Vorstellungen oder in unsere Normen passt, wird als falsch, als „krank", als „gestört" bezeichnet. Dabei stellt sich oft die Frage, was nun abnormal oder unnormal ist. Könnte es sich dabei nicht einfach nur um eine Andersartigkeit handeln?!

Dazu nochmals Dr. Uwe Böschemeyer, der zu seinem beschriebenen typologischen Konzept anmerkt:
„Das Programm meines Buches ist der Versuch, besonders den Gegenpol einer pathologisch- bzw. konfliktorientierten Psychotherapie und Beratung herauszustellen.

Die Begründung für diesen Versuch liegt in meiner Auffassung, dass – ich formuliere vorsichtig – viele Formen wenig gelingenden Lebens, seelisch und körperlich, Ausdruck des Leidens der inneren Welt sind, zu der Menschen nur ungenügend Zugang gefunden haben. Daher sind viele Störungen primär Herausforderungen zur Suche nach einem seins- und sinnorientierten Leben. Ein solches Leben aber ist ein originäres."[3]

Die in diesem Buch benutzte Typologie soll nur in aller Schlichtheit dem Geheimnis unserer eigenen Persönlichkeit näherkommen und somit für die Praxis unseres Lebens brauchbar gemacht werden.

Kapitel 1

Die verschiedenen Grundtypen

„Und es gibt himmlische Körper und irdische Körper; aber anders ist der Glanz der Himmelskörper, anders der der irdischen; einen anderen Glanz hat die Sonne und einen anderen Glanz der Mond, und einen anderen Glanz haben die Sterne...“ (1 Kor 15,40+41 SLT)

Stellen wir uns vor, wir vergleichen das Empfinden eines Menschen mit einer Ellipse. Dann ließe sich beim „horizontalen (waagrechten) Grundtypus" dies bildlich als „ebenmäßig" und „ausgewogen" wie folgt darstellen:

Der „horizontale Grundtypus" verlangt nach Beständigkeit und Ebenmäßigkeit. Er ist mehr auf die praktische Lebensebene ausgerichtet und mag klare Strukturen, Ordnung, Routine und Gewohnheiten.

Der „horizontale Grundtypus" ist mehr „nach vorne" orientiert.

Realistisch, zukunftsorientiert, praktisch, nüchtern, objektiv, zielstrebig und mit folgerichtiger Logik geht er seinen täglichen Aufgaben nach, wobei er nicht viel Verständnis oder Interesse für tiefer gehende seelische Konstellationen, für Persönlichkeitsanalysen oder individuelle Beziehungsgeheimnisse aufbringt.

Er neigt eher dazu, pragmatisch (griech.: sachlich) zu sein und wirkt daher seelisch eher distanziert. Sein „Empfindungsvolumen", das genauso groß ist wie das des „vertikalen Grundtypus", ist einfach anders gelagert und vor allem auf eine praktische Lebensweise ausgerichtet.

Der „vertikale (senkrechte) Grundtypus" dagegen ist stark „gegenpolig" oder „bipolar" geschaffen.
Sein „innerer Typus" ließe sich etwa so darstellen:

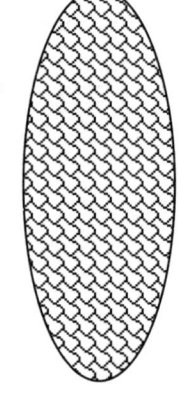

Das Verlangen des „vertikalen Grundtypus" richtet sich auf Tiefe, Abenteuer und das Geheimnisvolle aus. Er mag Abwechslung, tiefgehende Impulse und Intuition.

Der „vertikale Grundtypus" weist sich durch ein sehr tiefgehendes Gefühls-, Empfindungs- und intuitives Leben aus. Seine feinen „intuitiven Antennen" empfangen oft die verschiedensten Signale, ohne diese jedoch immer richtig verarbeiten oder einordnen zu können. Er ist mehr auf Impulse und Intuition ausgerichtet. Tiefgehender Gedankenaustausch, das Eindringen in Empfindungswelten, das Hinterfragen und Ringen um das Verständnis pocht in seinen Adern genauso wie der Hang zur Romantik, zu Abenteuern und zum Erforschen von Geheimnissen, was jedoch gleichzeitig auch zu gewaltigen seelischen Spannungen führt.

In der Wirklichkeit kommen aber eher multiaxial „geneigte" Typen vor, also quasi „diagonale Grundtypen":

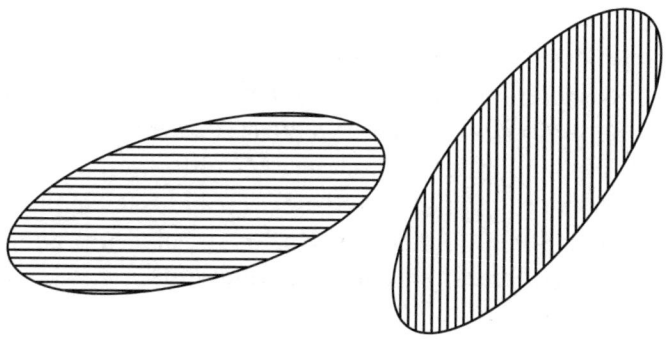

Es gibt „diagonale Grundtypen", die mehr zur Horizontalität neigen und solche, die mehr zur Vertikalität neigen.

Da die theoretischen Begriffe zu Verwirrung führen, verwende ich Bilder um diese Grundtypen anschaulicher zu benennen. Bilder erzeugen ein sogenanntes „Kopfkino". Dadurch können wir diese Thematik ganzheitlich besser erfassen.

Kapitel 2

Die Bergsee- und Ozean-Seelen

Zur Verdeutlichung nehme ich Bilder aus der Schöpfungswelt: die Seen und Meere. Von den Gewässern auf unserem Planeten gibt es Tausende von Variationen – gleich den einzigartigen menschlichen Persönlichkeits-Originalen.

Die „horizontalen Grundtypen" wollen wir im Folgenden „Bergsee-Seelen" nennen. Die „vertikalen" oder „gegenpoligen Grundtypen" dagegen „Ozean-Seelen".
Darüber hinaus gibt es zahlreiche „Mischformen" in allen Variationen: „Bodensee-Seele", „Baikalsee-Seele", „Mittelmeer-Seele", „Nordsee-Seele" – bis hin zum „kleinen Teich" inmitten von Wald oder Feld...

Wenn ich jetzt die Bergsee- und Ozean-Seele skizziere, dann verwende ich bewusst eine „schwarz-weiß-Malerei" – einfach, um die Unterschiedlichkeit klarer herauszustellen.

In Wirklichkeit gibt es vor allem „Grautöne" (oder wenn Sie sich als Ozean-Seele entdecken, eröffnet sich Ihnen eine kunterbunte Welt in Tausenden von Farbtönen). So werden Sie sich bei so manchen Merkmalen bei dem zu Ihnen passenden Typus wiederfinden, andere Aussagen treffen jedoch weniger auf Sie zu.

Klar: Sie sind ein Original, wunderbar von unserem Schöpfer gestaltet (und gehören nur zu Ihrem eigenem „Typus").

Wenn ich zum besseren Verständnis erläuternde Bilder zeichne, dann beschreibe ich die Extreme von Ozean-Seelen. Lassen wir hier einmal die Mischformen, wie das Mittelmeer oder das Schwarze Meer etc. beiseite. Wir wollen zuerst einfach unseren Horizont erweitern für etwas, was uns nicht so vertraut ist.

Auch beschreibe ich in diesem Buch in erster Linie die Ozean-Seelen. Wenn die Bergsee-Seelen also „zu kurz" kommen, dann nicht, weil sie weniger wertvoll wären. Ganz und gar nicht; sondern weil die Ozean-Seelen viel öfter verkannt, missverstanden oder sogar als „Psycho" pathologisiert (als seelisch krank bezeichnet) statt echt verstanden, erfasst und wertgeschätzt werden.

Würde ich ein Buch über die Schweiz schreiben und dabei manchen Vergleich zu Österreich oder Deutschland ziehen, um die Unterschiede deutlicher zu machen, dann würde das auch nicht bedeuten, dass in meinen Augen die Schweizer wertvoller sind als die Österreicher oder Deutschen. Es geht lediglich darum, welches Thema man behandeln will... So auch in diesem Buch!

Kapitel 3

Die Bergsee-Seele

Stellen Sie sich bitte einen Bergsee vor: mit seiner ganzen Pracht, seiner Tiefe, seiner Schönheit. Man kann am Ufer eines Bergsees genussvoll auf einem Bänkchen sitzen, die Ruhe fühlen, sich über die Ebenmäßigkeit und Schönheit dieses Gewässers freuen.

Der Bergsee-Typus kennt Ebenmäßigkeit als echtes Verlangen seiner Seele. Das merkt man schon als Kind: Ausgewogenheit, Regelmäßigkeit, Sicherheit durch Anpassung – das mögen diese Kinder besonders.

Ein Bergsee-Seelen-Ehepaar saß seit 20 Jahren jeden Abend in seinen Fernseh-Sesseln im Wohnzimmer und schaute pünktlich um 20 Uhr die Nachrichten und danach eine Unterhaltungssendung in der Flimmerkiste an. Eines Abends sprach der Ehemann seine Ehefrau an: „Schatz, könnten wir heute Abend nicht mal was Anderes, was Außergewöhnliches machen?" Erwartungsvoll wandte die Ehefrau ihr Gesicht ihrem Mann zu: „Ja gern, was schwebt dir denn so vor?" Und der Mann antwortete „Lass uns doch einfach mal die Plätze tauschen…"

Bergsee-Menschen können 20 Jahre lang auf denselben Campingplatz am Plattensee fahren. Sie fühlen sich pudelwohl durch all das Vertraute, Bekannte, Gewohnte.
Wie der frühere holländische Showmaster Rudi Carell einmal seine Bergsee-Nachbarn beschrieb: Sie trafen sich, um gemeinsam mit ihren Wohnwagen in die Alpen

zu fahren. Dort verbrachten sie als kleine holländische Festung auf dem alpinen Campingplatz ihren Urlaub und fuhren in einer Wohnwagenkolonne gemeinsam wieder zurück.
Daheim erzählten sie dann von ihrem Urlaub: „Es war wunderschön in den Bergen – und wir hatten angenehme Leute als Nachbarn dabei…"

Bergsee-Seelen mögen Gedenkfeiern, denn da wiederholt sich etwas, Jahr für Jahr oder Jahrzehnt für Jahrzehnt. Aussprüche wie „das haben wir noch nie so gemacht" oder „das war schon immer so" gehören zu ihren fundamentalen Lebensregeln.

Ein Beispiel: Schon jahrelang veranstalten wir in der Schweiz über den 1. August eine „Seminar- und Urlaubswoche": im „Ländli", einem ausgezeichneten Seminar- und Kurhotel, umgeben von den schneebedeckten Gipfeln der Schweizer Alpen, direkt am Ägerisee.
Der Ägerisee ist ein 7,3 km² großer See im schweizerischen Kanton Zug, der durch einen Gletscher entstanden ist; also ein typischer „Bergsee". Am Seeufer fand 1315 die Schlacht am Morgarten statt, die erste Schlacht zwischen den Eidgenossen und den Habsburgern. (Heute geht's dort wirklich friedlicher zu!)

Der 1. August ist Schweizer Nationalfeiertag und alle Teilnehmer der „Seminar- und Urlaubswoche" sind – ungeachtet ihrer Nationalität – zur abendlichen Bundesfeier des Hotels eingeladen. Neben dem gemeinsamen Singen des wunderbar christlichen „Schweizer Psalms" (Nationalhymne) hält ein politisch engagierter Schweizer eine Rede.

Vor einigen Jahren erzählte der Redner etwas über die „Ägeri-Taler". Das sind also Menschen, die am Ägerisee, im Ägeri-Tal wohnen.

Viele davon behaupten, sie würden an dem Ort wohnen „wo die Schweiz am schönsten ist".

Und deshalb haben einige von ihnen ihr ganzes Leben lang ihr Tal nie verlassen. „Warum soll ich woanders hingehen, wenn ich sowieso dort lebe, wo es am schönsten ist?!" Einmal in einen anderen Kanton zu reisen oder gar einmal über die Grenze nach Deutschland, Frankreich, Italien oder Österreich zu fahren, ist für sie unvorstellbar.

Eine Ozean-Seele bekäme dagegen bei diesen Gedanken sofort ein Gefühl der Beklemmung...

Die Bergsee-Seele wird auch mit Schwächen und Gefahren konfrontiert. Die bemerkenswerteste Schwäche dürfte das Schubladendenken sein: alles wird in Schubladen gesteckt, denn diese lassen sich sehr gut beherrschen. Da ist alles gut sortiert, übersichtlich und geordnet. Doch alles was die Bergsee-Seele nicht selbst erfassen, also nicht verstehen kann, ist daher nicht relevant und auch nicht existenzberechtigt.

„Sei doch nicht so kompliziert" oder „Was hast du denn für eigenartige und komische Ideen!" – hört man manchmal aus Bergsee-Mund. Schnell ist die Grenze überschritten, einen anderen Menschen in die eigene Vorstellungswelt zu pressen.

Das birgt auch die Gefahr der oberflächlichen Beziehungsgestaltung in sich. Gerade in Ehen, in denen ein Partner ein Bergsee ist, entwickelt sich die Beziehung oft zur bloßen Speise- und Bett-Gesellschaft – ohne bemerkenswerten Tiefgang.

In der Seelsorge beschränkt sich die Bergsee-Seele oft auf die bloße Verhaltenstherapie. Ohne groß in der Tiefe zu erforschen wird vorgeschlagen, einfach das Verhalten zu verändern. Es wird nicht tiefer nach den „Urwunden" gegraben.

„Was, du hast ein Alkoholproblem und trinkst eine Flasche Wodka am Tag?!" stellt der Bergsee-Seelsorger fest und rät: „Werfe sofort die Wodkaflaschen weg und ändere dein Verhalten. Und wenn Anfechtungen kommen, ruf mich an und wir beten zusammen…"

Das ist aus einer bestimmten Perspektive betrachtet an sich nicht falsch, doch ein ganzheitlicher Seelsorger würde zuerst fragen: „Wo ist dein Schmerz?!"

Bergseen dagegen neigen eher zu Kommentaren wie „Das tut man nicht!" ohne zu beachten, dass es Menschen gibt, denen es eigentlich egal ist, was **man** tut…

Erweitert ein Mensch, der eine Bergsee-Seele hat, seinen Horizont, kann es zu einer vortrefflichen Kombination zwischen Geradlinigkeit und Verständnis, zwischen praktischen Verhaltensanregungen und ganzheitlicher Annahme kommen.

Bergseen haben natürlich auch ihre besonderen Stärken (wie jeder andere Grundtypus auch!). Sie sind beispielsweise ganz wichtig für die Vereins-, Kirchen- oder Gemeindearbeit, denn sie sind zuverlässig und treu.

Man kann sich auf sie verlassen. Nimmt eine Bergsee-Seele eine Aufgabe an, kann man sicher sein, dass sie erledigt wird.

Es sind Menschen, die regelmäßig zu den Veranstaltungen kommen (meist auf dem gleichen Platz sitzend, weil sie das mögen).

Bergsee-Seelen sind klar organisiert, praktisch, beständig und sympathisch durch die Ausstrahlung von Zufriedenheit. Sie vermitteln meistens den Eindruck eines ruhenden Pols, eines Felsens in der Brandung, an dem zerstörerische Wellen zerschellen.

Abraham

Die Gestalt des Abraham im Alten Testament dürfte zu den Bergsee-Seelen zu rechnen sein.

Abraham war sozusagen „der Verwalter von Gottes Verheißung und Segnung." Ein echter Verwalter, den Gott in dieser Eigenschaft vortrefflich gebrauchte.

Doch es musste zuerst ein Reifeprozess geschehen, denn Abraham wurde von Gott aus seinem Land und seiner Verwandtschaft herausgerufen, um ins Land Kanaan zu ziehen.

Abraham machte sich tatsächlich auf – aber nur bis nach Mesopotamien, wo sein Vater starb. Da Abrahams Viehherden und die seines Neffen Lot groß wurden, gab es Streit unter den Hirten. Abraham ließ souverän Lot entscheiden, wohin er wollte.

Immer wieder gab es „Vertrauens-Stolperer", sei es nun, als es um Sarah, Abrahams schöne Gattin ging, die er als Schwester ausgab oder um den verheißenen Sohn, auf den er nicht warten konnte und vorschnell mit seiner Magd einen Sohn zeugte (Ismael).

Doch wir sehen in Abrahams Leben, wie dieser Gottes-
mann reifte und zum Vorbild eines beständigen Glaubens wurde.

Diese Berufung zeichnet auch viele Bergsee-Seelen aus:
Beständig im Vertrauen auf ihren himmlischen Vater
setzen sie treu Schritt vor Schritt und viele Zeitgenossen
werden durch sie gesegnet. Welche geduldigen Seelsorger, die sich auf den Weg der Horizonterweiterung begeben, können so heranwachsen!

Barnabas

Auch Barnabas wäre an dieser Stelle zu erwähnen. Als
sich praktisch alle Christen furchtsam und ängstlich aus
dem Staub machten, als es hieß, Saulus – der Christen-
verfolger – sei selbst Christ geworden, da nahm sich
Barnabas des Paulus an!
Wir können feststellen, dass in der Bibel zuerst immer
von Barnabas und Paulus berichtet wurde. Barnabas war
der geduldige, unbeirrte Lehrer. Was wäre aus Paulus
geworden ohne Barnabas!
Sogar als es wegen Markus zum Konflikt kam, blieb
Barnabas seiner Überzeugung treu und widerstand der
Ansicht von Paulus.
Durch seine Treue und Beständigkeit wurde Barnabas
zum Vorbild eines aufrichtigen Christen und wurde
wunderbar für Gottes Sache gebraucht.

Für eine Bergsee-Seele ist es ganz wichtig, dass sie ihren
Horizont erweitert und auch das Wesen einer Ozean-
Seele kennen lernt. Sonst wird die Bergsee-Seele viele
wertvolle Personen in ihrer Umgebung ungewollt verletzen und entwürdigen.

Die Bergsee-Seele sollte ein ernsthaftes Verständnis für die Andersartigkeit einer Ozean-Seele entwickeln können: „Ach so, der ist gar nicht psychisch gestört, der ist einfach nur eine Ozean-Seele!" Das ist doch eine enorm wichtige Erkenntnis! Deshalb ist es auch für eine Bergsee-Seele besonders wertvoll, dieses Buch über die Ozean-Seele zu studieren.

Hier gleich noch eine Anmerkung:
Wenn Sie denken: „Ach, ich bin strukturiert, mag Ordnung und fühle mich dort wohl, wo ich bereits schon mal war... sicher bin ich eine Bergsee-Seele" dann stimmt das nicht unbedingt.
Denn

a) mögen Ozean-Seelen mit einem hohen rationalen Anteil (z.B. die „atlantischen" oder „pazifischen" Ozean-Seelen, aber auch die „Polarmeere" sehr wohl Struktur!
„Wer Ordnung hat, ist zu faul zum Suchen" – vielleicht, aber diese Ozeantypen sind „zu faul zum Suchen", weil es für sie viel zu uneffektiv wäre, Unordnung zu haben.

b) mögen manche Ozean-Seelen das Vertraute, Ebenmäßige als Gegenpol und Ausgleich zu ihrer inneren Ambivalenz.

Es wird Ihnen jedoch leichter fallen, die grundsätzliche Typologie besser zu verstehen, wenn Sie in der Folge die Beschreibungen der Ozean-Seelen verinnerlichen. Ich wollte nur einem vorschnellen falschen Eindruck den Riegel vorschieben.

Kapitel 4

Die Ozean-Seele

Welche Besonderheiten finden wir nun bei der Ozean-Seele, die wir in diesem Buch hauptsächlich unter die Lupe nehmen wollen?

Stellen Sie sich jetzt einmal einen Ozean vor: der Ozean kann auch eine ruhige Wasseroberfläche haben (wie ein großer See), dies ist aber eher selten, denn für einen Ozean ist es normal, dass er enormen Wellengang hat. Und manchmal sogar sehr heftige und hohe Wellen aufweist! Aber die herrlichsten Korallenriffe gehören genauso zur wunderschönen Unterwasserwelt wie die Schwärme von verschiedenartigen Fischen oder die vielen facettenreichen Wasserpflanzen.
Der ozeanische Mensch selbst kann diese Schönheiten nur selten erkennen, weil es in seiner Tiefe für ihn (noch) sehr dunkel ist oder zu viel Schlamm aufgewirbelt wurde.

Verlangen nach Tiefe

Grundsätzlich verlangt die Ozean-Seele nach Tiefe, Abwechslung und Abenteuer von einem „himmlisch-ewigen Ausmaß" – d.h. es geht dabei nicht einfach um „Abenteuerlust", sondern um das Erforschen von Geheimem, das Entdecken von Verborgenem, das Hinterfragen von Althergebrachtem oder um einen einzigartig wichtigen Sinn meines Tuns, Seins und Lebens.

Die Ozean-Seele verabscheut zutiefst eine oberflächliche Lebensweise. Ödes, gleichmäßiges Allerlei, oberflächlicher Smalltalk sind genauso Gift für sie wie wenig sinnvolle Eintönigkeit, die sich bis zu einem Schmerz der Langeweile steigern kann.

Genauso widerstreben diesem Typus zwischenmenschliche Beziehungen, die sich vor allem auf praktische, nüchterne Gemeinsamkeiten stützen. Er braucht eben Tiefe, Wahrhaftigkeit und Lebenserfahrungen mit verwertbarem Sinngehalt.

Ozean-Seelen verabscheuen Heuchelei und Schleimerei, weil dies dem starken Drang nach Tiefe und Wahrhaftigkeit völlig entgegensteht. Obwohl sie selbst Schauspielerei nicht mögen, können Ozean-Seelen selbst jedoch sehr gute Schauspieler sein. Dies kann aber wiederum zu starken Ambivalenzen führen, da sich die Schauspielerei unter einer Maske nicht gut mit der Authentizität (griech.: Echtheit) verträgt.

Die Ozean-Seele ist zutiefst freundschaftsfähig, doch echte Freundschaft ist für die Ozean-Seele schwierig zu leben, weil entsprechende Freundschaften einen tiefgründigen gemeinsamen Nenner benötigen. Und die Ozean-Seelen sehnen sich ja nach „echter" Tiefe, gerade auch in Freundschaften. Kumpanei ist ihnen letztlich zu wenig. Wenn sie mit jemand kegeln gehen, ist das nicht gleich Freundschaft, sondern vielleicht Kameradschaft, was ja auch richtig ist. Sie suchen und benötigen eben Tiefe.
Dadurch soll diese Kameradschaft nicht abgewertet werden. „Kameradschaft ist nicht Freundschaft – vielleicht

eine Anfangsform. Kameradschaft hat mit Clubgeist was zu tun. Das ist kein Schlechtmachen von Kameradschaft. Wir machen Silber nicht schlecht, wenn wir es von Gold unterscheiden!" [4]

Der Ozean-Seelen-Mensch weiß um die Existenz persönlicher psychischer Tiefs, die er selbst nicht ganz auszuloten vermag. Doch hinterfragt er sich immer wieder selbst, überprüft den eigenen Standpunkt, liebt zärtliche, leise Signale des Verstehens und versucht, viele Gegebenheiten eher intuitiv zu erfassen.

Oft merkt man die Unterschiedlichkeit schon bei Kindern. Ein Bergsee-Seelen-Kind sagt: „Mama, warum ist die Sonne rund?" oder „Mama, warum ist der Himmel blau?" Und die Mama antwortet: „Darum". Und schon kommt die nächste Frage. Das geht nicht bei einem Ozean-Seelen-Kind. Da kann man zwar sagen: „Frag den Papa heute Abend", aber man kann nicht sagen „darum". Das Ozean-Seelen-Kind wäre verletzt, denn es will wirklich alles darüber wissen, warum die Sonne rund oder der Himmel blau ist.

Ozeanische Kinder besitzen eine Zuneigung zu Oxymora (griechisch: scharfsinnig dumm), wie dieses Gedicht:
„Dunkel war`s, der Mond schien helle, grün war die verschneite Flur,
als ein Wagen blitzeschnelle, langsam um die Ecke fuhr.
Drinnen saßen stehend Leute, schweigend ins Gespräch vertieft,

als ein totgeschoss'ner Hase auf der Sandbank Schlitt-
schuh lief.
Und ein blondgelockter Jüngling mit kohlrabenschwar-
zem Haar
saß auf einer grünen Kiste, die rot angestrichen war.
Neben ihm 'ne alte Schrulle, zählte kaum erst sechzehn
Jahr,
in der Hand 'ne Butterstulle, die mit Schmalz bestri-
chen war." *(Autor unbekannt)*

Bei einem Oxymoron wird eine innere Ambivalenz zum
Ausdruck gebracht. So wie bei Ovid: „Diese Fülle hat
mich arm gemacht". [5]
Oder Begriffe wie: „Eile mit Weile", „alter Knabe",
„stummer Schrei", „absichtliches Versehen", „offenes
Geheimnis" oder „sachliche Romanze" (Erich Kästner).

Intuitive Antennen

Man nennt die Ozean-Seelen auch die Menschen mit den
„tausend intuitiven Antennen". Dazu zuerst eine Erläu-
terung:

Auch in der modernen Psychologie gilt es als gesicherte
Tatsache, dass nur 15 – 20% von dem, was wir sagen,
wirkungsvoll beim Zuhörer ankommt. Zu 80 – 85% erreichen wir unser Gegenüber mit „nonverbalen Signalen". Also strahlen wir das, was in unserem Herzen ist,
aus. Und die intuitiven Antennen eines Menschen erfassen genau dies – ungeachtet der Worte, die dabei ausge-
sprochen werden. Beinhalten nämlich die Worte eine andere Botschaft als die nonverbalen Signale, dann werden

unsere intuitiven Antennen dies als nicht authentisch empfinden.

„Da wird geheuchelt, da stimmt etwas nicht", sagte mir eine junge Frau, die gerade die AsB-Seelsorgeausbildung absolvierte und mit mir bei einer religiösen Gruppe war, die mich zu einem Vortrag eingeladen hatte.
„Warum, wieso?" entgegnete ich.
„Ach, ich kann's dir nicht benennen oder belegen oder erklären... aber hier stimmt etwas nicht!" beharrte sie.
Und wie recht sie hatte. Als wir nämlich nach dem Vortrag mit den einzelnen ins Gespräch kamen – z.T. unter vier Augen – entpuppte sich diese Gruppe als „Schauspieler-Gruppe", bei der unter der Oberfläche schwere Verletzungen, Bitterkeit und Enttäuschungen regierten, aber nach außen hin eine „Friede-Freude-Eierkuchen"-Stimmung vorgespielt wurde.

Ganz nach dem Motto:
„Tief im Herzen die Tragödie,
doch nach außen kühl und klug,
und so spielen wir Komödie
– bis zum letzten Atemzug..."
(Josef Kausermann)

Es waren die intuitiven Antennen meiner Auszubildenden, die diese verzerrte Authentizität wahrgenommen hatten.

Oder stellen Sie sich vor, ein Autoverkäufer sagt zu Ihnen absolut freundlich und wohlwollend: „Schön, dass es Sie gibt!" Das hat er in seinem letzten Verkaufstraining gelernt. Er will eine gute Atmosphäre schaffen,

35

denn er will Ihnen schließlich ein Auto verkaufen. Bereits jetzt haben Sie als Ozean-Seele eine etwas „komische" Empfindung, weil Sie nicht so sehr davon überzeugt sind, dass der Autoverkäufer authentisch ist. Später kommt eine gute Freundin oder ein guter, alter Freund, klopft Ihnen auf die Schulter (vielleicht etwas zu grob) und meint von Herzen: „Schön, dass es dich gibt", allerdings mit nicht so geschliffener, superfreundlicher Stimme...

Trotzdem wissen Sie sofort, wer von beiden was bzw. wie meint. Die intuitiven Antennen melden Ihnen, welche Botschaft hinter den Worten steckt, welche nonverbalen Signale von Ihnen als Ozean-Seele wirklich erfasst werden.

Verhaltensforscher und Verkaufspsychologen versuchen schon jahrzehntelang, dies für sich nutzbar zu machen, aber man kann es einfach nicht lernen. Auch wenn man sagt: „Schön, dass es dich gibt", kommt es nicht wirklich tief in der Seele an, wenn es nicht authentisch ist.

Das ist das große Problem, das ich in vielen christlichen Kreisen erlebe: Man hat gelernt, dem anderen zu sagen: „Du bist wertvoll. Gott liebt dich", aber es berührt nicht, wenn es nicht aus einem authentischen Herzen kommt. Wenn das Herz des Redners nicht selbst von seiner Botschaft erfüllt ist, dann kann er sagen was er will. Es kommt nicht wirklich ganz tief drinnen in der eigenen Seele an.
Das ist auch das eigentliche Problem bei manchen Predigten oder Verkündigungen. Die Frage ist, ob die Botschaft authentisch ist und dem ganzheitlichen Wesen des

Verkünders entspricht oder nur den Ausdruck seines Kopfwissen und seiner Denküberzeugung darstellt.

Ich finde, Gott hat das Geschenk der intuitiven Antennen wunderbar eingerichtet – auch die Wichtigkeit der Wahrhaftigkeit eines wirklich authentischen Lebens und die daraus resultierenden nonverbalen Signale.
Daher sollte man diese intuitiven Antennen pflegen; denn sie sind wahrlich ein wertvolles Geschenk Gottes.

Einen Nachteil, den die Ozean-Seelen dadurch allerdings haben, ist, dass ihr intensives intuitives Erfassen für manche Leute oft als Bedrohung empfunden wird. Die Ozean-Seele wird dabei oft völlig missverstanden und Opfer von Ablehnung und Eifersucht.

Ein praktisches Beispiel dazu: Eine „ozeanische" Bankkauffrau fragte mich auf einem Seminar in Wien, warum sie wohl von ihrem Chef derart abgelehnt wird. Auf die Details gehe ich hier nicht ein, aber meines Erachtens war die Grenze zum Mobbing bereits überschritten.

Die genauere Untersuchung der Situation ergab, dass der Abteilungsleiter dieser Bankkauffrau ein sogenannter „Macho-Typ" war. Also ein Mann, der seine Männlichkeit stets unter Beweis stellen musste. („Macho" ist ein Lehnwort aus dem Spanischen und bedeutet eigentlich „Männchen".) Ein Macho-Typ ist ein Mensch, der in erster Linie unter Minderwertigkeitsgefühlen leidet. Er versucht diese zu kompensieren, indem er das bekannte Macho-Gehabe und verschiedene Machtspielchen an den Tag legt. Durch dieses Verhalten, so glaubt der Macho-

Typ, könne er aller Welt zeigen, welch ein einzigartiger, herrlicher Superman er doch sei...

Schlimm ist es, wenn er dabei noch seine Machtposition ausspielt und der Angestellten signalisiert, ihn bewundern zu müssen. Doch unsere ozeanische Angestellte hatte tatsächlich etwas „Gefährliches" getan: Sie blickte ihm wirklich in die Augen – und schon fühlte sich der Macho-Chef erkannt und durchschaut. Und jetzt wird die Angestellte zur Gefahr bzw. zur Bedrohung für ihn.

Was macht ein Mensch, wenn er bedroht wird? Er geht zum Angriff über (oder zieht sich zurück). Und daher werden Ozean-Seelen oft Opfer von Mobbing, Eifersucht und Missgunst. Sie sind eine Gefahr für den, der etwas zu verbergen hat.

In christlichen Gemeinden und Kirchen ist das genauso. Die stark intuitiven Ozean-Seelen werden schnell zur Bedrohung. Zur Gefahr für alle, die etwas vorheucheln und nicht authentisch sind. Schnell wird dann eine Ozean-Seele als „Person mit rebellischem Geist" oder als „kritiksüchtiger Mensch" abgetan.

Ozeanseelen, bei denen seelische Verletzungen tiefer gehen, können aber auch verschmutzte intuitive Antennen haben, d.h. sie haben an sich eine gute Intuition, diese ist jedoch durch unverarbeitete Verletzungen verstellt oder verzerrt. Die Personen reagieren über, können sich schnell beleidigt fühlen oder nehmen Dinge wahr, die nicht der Realität entsprechen. Denn die unverarbeiteten Verletzungen beeinflussen die Wahrnehmung.

Manche Ozean-Seelen, die sich noch nicht richtig als solche erkannt haben, erschrecken vor den eigenen intuitiven Antennen. So wie es Andreas Stenzel persönlich beschreibt:

„Mein Seelenleben wurde in Abhängigkeit schwieriger äußerer Umstände teilweise stark beeinflusst und attackiert. Ich fühlte mich zeitweise am "Untergehen", unfähig, mich über Wasser halten zu können (manchmal zu wollen). Durch manche Lebenskrise geprägt, zogen mich selbstverachtende und lebensverneinende Gedanken zum Teil in gefährliche Lebensmanöver.

Allein das Wissen, dass es diesen Grundtypus „Ozean-Seele" überhaupt gibt, der mir in meiner Erlebnistiefe so verwandt zu sein scheint, hat meinen schwierigen Emotionen und den daraus resultierenden Gedanken den "berichtigten" Stellenwert zugeordnet. Durch die Verbindung zu diesem Ozeantypus stehe ich nicht mehr isoliert und "unnormal" da. Das schwierige Besondere kommt aus dem Mittelpunkt meiner Nabelschau heraus, und das entlastete mich erst einmal ganz stark.

Beim Kennenlernen der Grundtypen wurde meine Seele in erster Linie durch die Liebe, Wertschätzung und Annahme einer anderen, darüber referierenden Ozean-Seele berührt… Das gab mir in meiner damaligen Situation einen spürbaren, inneren und heilenden Impuls.

Nach unserem Gespräch über die Ozean-Seele sind mir die Augen geöffnet worden und es hat mir ein wenig den Schrecken vor meinen "emotionalen Abstürzen" und schwierigen Situationen genommen.

Das bedeutet nicht, dass nun alles leicht ist. Ich habe diesen Gedanken, dieses Wissen auf der Seele, dass Gott mich "so" gemacht hat und ich und andere Menschen ein

Schöpfungsgedanke seiner erfinderischen Liebe sein dürfen. Ich darf deshalb für die Stärken meiner Ozean-Seele dankbar sein und muss mich vor meinen intuitiven Antennen nicht mehr erschrecken, sondern darf sie trainieren und für andere Menschen einsetzen."
Andreas Stenzel, Technischer Leiter und Referent, Hamburg

Kreativ und musisch begabt

Die meisten Ozean-Seelen haben mit ihrem Grundtypus vom Schöpfer eine kreative Ader mitbekommen. Viele sind musisch sehr begabt. Es gehört zu ihrer inneren Persönlichkeit, dass gewaltige kreative Potenziale in ihr stecken, sei es in gestalterischer, erfinderischer, dichterischer, malerischer, musikalischer oder anderer Kunstrichtung. In musisch-kreativen Lebensbereichen kann sich der überschäumende, facettenreiche und unerschöpfliche Ozean entfalten und seine Vielfalt und Tiefe zum Ausdruck bringen.

Ob dies im Erwachsenenalter auch gelebt wird, hängt damit zusammen, ob diese Potenziale entdeckt und gefördert wurden oder nicht. (Darauf gehen wir später beim Thema „vereiste Ozean-Seele" noch genauer ein.)

Vincent van Gogh (1853 – 1890) war beispielsweise solch eine begabte Ozean-Seele. Einige staunen, wenn ich behaupte, er sei gläubig gewesen. „Was, der hat sich das Ohr abgeschnitten?! Ein Gläubiger macht das doch nicht. Und Suizid soll er auch noch begangen haben, das macht man schon gar nicht."

Aber betrachten wir seine Geschichte etwas näher: Als Sohn eines Pastors der niederländisch-reformierten Kirche, der verwandtschaftliche Beziehungen zum Kunsthandel hatte, begann Vincent eine Lehre als Kunsthändler. Nach dem Ende seiner Ausbildung wurde er im Sommer 1873 nach London versetzt. Vincent fühlte sich dort sehr einsam.

Während dieser Zeit verliebte er sich in die Tochter seiner Vermieterin, die ihn aber zurückwies. Die Enttäuschung darüber hatte er noch Jahre später nicht verwunden. Während eines Urlaubs bei den Eltern im Sommer 1874 fiel diesen seine depressive Grundstimmung auf. Um ihn aus den Londoner Verhältnissen zu lösen, versetzte man ihn nach Paris. Doch kapselte er sich dort zunehmend ab und zeigte auch bei der Arbeit ein auffälliges Verhalten. Immer stärker flüchtete er in seine Innenwelt und las nur noch in der Bibel und in Erbauungsbüchern.

Nachdem er zu Weihnachten 1875 – offenbar unerlaubt – nach Hause gefahren war, kündigte ihm sein Vorgesetzter. Hauptgrund für die Kündigung scheinen seine Probleme im Umgang mit Kunden gewesen zu sein; Vincent, der jede Heuchelei verabscheute, war als Verkäufer denkbar ungeeignet.

Ab August 1878 besuchte er ein Seminar für Laienprediger in Brüssel, wurde aber nach der dreimonatigen Probezeit als ungeeignet eingestuft, wohl, „weil er sich im Unterricht nicht hatte ein- und unterordnen können".

Dennoch fand er eine Anstellung als Hilfsprediger im Borinage bei Mons, einem belgischen Steinkohlerevier, wo die Menschen unter besonders harten Bedingungen lebten. Dort identifizierte er sich in hohem Maße mit dem leidgeprüften Leben der Bergarbeiter.

Er verschenkte Kleidungsstücke und lebte selbst – wie die Bergarbeiter – in ärmlichen Verhältnissen. Das entsprach nicht den Vorstellungen seiner Vorgesetzten, und im Juli 1879 erfuhr Vincent, dass seine Anstellung nicht verlängert werden würde. Die Kirchenleitung hatte darauf bestanden, dass er ins schöne Pfarrhaus zurückzieht, da er sonst eine Schande für die Kirche sei. Er würde quasi die Kirche Jesu Christi beflecken. Darauf erwiderte er: „Ich hasse euren Gott!"

Bei Biographien übersieht man oft, dass er gesagt hat: „euren" Gott. Das muss man unterstreichen. Eigentlich sagt er: Ich hasse euer Gottesbild, ihr Pharisäer. Er sagte, dass er hier sei, um die Liebe Gottes diesen Menschen nahe zu bringen. „Deshalb lebe ich hier in dieser Hütte." Er hatte keine Chance. Er wurde entlassen und im Herbst 1880 entschied er sich im Alter von 27 Jahren, Maler zu werden.

Zunächst erfolglos, keiner kaufte seine Bilder. Allerdings unterstützte ihn sein Bruder, der eine Galerie besaß. Eigentlich hat er ihn durchgefüttert. Dieses „auf der Tasche liegen" konnte Vincent van Gogh nicht ertragen. Seine Ambivalenz ist in seinen Bildern wiederzufinden.

Bei manchen Bildern sieht man den inneren Kampf und die Ambivalenz, nicht nur die Harmonien. Vincent van Gogh, ein typischer Vertreter der Ozean-Seele, aber kein Vorbild im Umgang damit. Auch nicht durch seine Voraussicht, die er eines Tages gegenüber seinem Bruder äußerte: Eines Tages werden seine Bilder vielleicht wertvoll.

Tatsächlich wurden die Bilder nach seinem Tod äußerst wertvoll.

Guiseppe Verdi (1813 – 1901) ist der Komponist, der die Gestalten seiner Opern wie kein anderer durch seine Musik als Ozean-Seelen beschreibt. Deshalb gehen die Opern von Verdi immer tragisch aus. Sehr tragisch. Der eine ermordet versehentlich die eigene Tochter (Rigoletto), der andere tötet seine Geliebte aus Eifersucht durch Missverständnisse und Intrigen (Othello), Violetta lässt ihren Geliebten unter dem Druck des Schwiegervaters fallen und stirbt an Tuberkulose (La Traviata).

Nur bei *Nabucco* „bekehrt" sich die Hauptperson, wobei sich dort die Stieftochter noch vergiftet. Jedoch die Zeichnung der Charaktere, oft durch eine Stimmung, mit nur wenigen Instrumenten hervorgerufen, kann vorwiegend Ozean-Seelen zutiefst ansprechen (natürlich nur, wenn man einen Zugang zu dieser Musikrichtung hat).

Verdi rang sein ganzes Leben mit diesem Gott und der Frage: Warum lässt er das Leid zu. Eine zerrissene Ozean-Seele, die das in der Opernmusik genial zum Ausdruck bringt.

Monsterwellen, Vulkanausbrüche und giftige Quallen

Zu Ozean-Seelen – je nach Typus – gehören in natürlicher, schöpfungsbedingter Weise Wellenberge, unterseeische Vulkanausbrüche und giftige Quallen. Hohe Wellen können sich bis zu Monsterwellen auftürmen – ein Problem, mit dem Ozean-Seelen oft massiv konfrontiert sind.

Das Mittelmeer z.B. kennt ebenfalls „giftige Quallen", aber einen Tsunami wird man dort genauso wenig erleben wie einen Eisberg, an dem ein Schiff zerschellen kann.

Mit diesen Bildern soll verdeutlicht werden, dass in Ozean-Seelen innere Vorgänge ablaufen, dass sich „innerseelische Ereignisse" entwickeln oder sich psychische Phänomene abspielen, deren Intensität von einer Nicht-Ozean-Seele kaum auch nur annähernd nachvollzogen werden kann. Wellenberge oder Monsterwellen – dazu werden wir gleich kommen.

Mit Vulkanausbrüchen bezeichnen wir intensive, starke Empfindungen, die wie ein Diktator von der Persönlichkeit des Betroffenen Besitz nehmen können. Solche Vulkanausbrüche ergeben sich, wenn sogenannte Ur-Wunden berührt werden.

Unverständige Menschen sprechen dann sehr schnell von „manisch-depressiven" Störungen (die es als Krankheitsbild selbstverständlich auch gibt!), weil tiefe Wellentäler natürlich unangenehm sind und sich stark von den euphorischen Phasen unterscheiden. Doch stellen wir uns wiederum bildlich vor:
Eine Ozean-Seele unterhält sich mit einem Bergsee-Seelsorger über das „Unwetter" letzte Woche. Beide sprechen von Sturm und Wellen. Beide haben Sturm und außergewöhnlichen Wellengang erlebt, beide sahen Blitze und hörten Donnergrollen.
Und doch sprechen beide von etwas völlig anderem. Das wäre an sich nicht so schlimm, wenn nicht die Ozean-Seele gegenüber dem Bergsee-Seelsorger von den gefährlichen Quallen berichten würde, die da aus der Tiefe

hervorgetreten seien, oder gar von der riesigen Monsterwelle erzählte, unter der sie fast erstickt sei.

Begleitet war alles von Selbstzweifel, Selbstablehnung,
von großer Angst und Verzweiflung. Wenn vielleicht
noch eine Aussage kommt wie „Ich hätte mich am liebsten erschossen", dann erschrickt der Bergsee-Seelsorger
und empfiehlt der Ozean-Seele, sich in die Psychiatrie
einweisen zu lassen.

Er kann sie wirklich nicht verstehen, denn der Bergsee
kennt keine giftigen Quallen. Es gibt sie nicht. Nicht mal
im Bodensee oder Starnberger See findet man Quallen.
Somit sind Quallen für die Bergsee-Seelen etwas Abson-
derliches. Sicherlich nichts „Normales".
So begegnet er dann auch der Ozean-Seele – als einer
„gestörten" Person, was logischerweise sehr verletzend
ist. Das Schlimme: Die Ozean-Seele glaubt mit der Zeit
selbst daran, wenn ihr das andere wiederholt sagen.

Daher ist es von großer Bedeutung für zwischenmenschliche Beziehungen und auch für die Beziehung zu sich
selbst, dass man weiß, dass es derart verschiedene
Grundtypen gibt.
Selbst beim Mittelmeer, das wirklich kein Ozean ist (es
gehört als „Nebenmeer" zum Atlantischen Ozean), wissen wir, dass es Quallen gibt. Jeder hält das für normal.
Und beim Pazifik ist es eben auch normal, dass Monsterwellen entstehen können.
Wenn eine Ozean-Seele jedoch versucht, einer Bergsee-
Seele eine Monsterwelle zu beschreiben, unter der man
innerlich verletzt, gekränkt, depressiv und resigniert am
Boden liegt, dann hat die Bergsee-Seele verständlicher-
weise Probleme, so etwas überhaupt nur zu verstehen,

geschweige denn noch als gesund und normal akzeptieren zu können.

Wenn auf dem Bodensee eine Monsterwelle erscheinen würde, wäre das wirklich ungesund. Das wäre nicht normal. Da hätte jemand eine Wasserstoffbombe gezündet oder etwas Ähnliches. Das wäre krank, pathologisch. Für den Ozean jedoch gehören hohe Wellenberge völlig „normal" zu seinem inneren Leben.

Sie werden daher am Atlantikstrand in der Bretagne nie ein Schild vorfinden: „Vorsicht, gestörtes Gewässer!" – nur weil der Wellengang manchmal wesentlich stärker ist als am Bodensee... Es ist „normal" und gehört eben zu einem Ozean.

Trotzdem werden hohe Wellenberge oder gar Monsterwellen leider meist als abnormal empfunden und daher pathologisiert. Es entstehen Fehlinterpretationen, beispielsweise manisch-depressives Verhalten oder bipolare Störung. Diese Krankheitsbilder gibt es! Aber manche Symptome ähneln einfach den Gegebenheiten starker Monsterwellen, die „ganz normal" zu manchen Ozean-Seelen gehören.

Eine Fachärztin, die auch die AsB-Ausbildung für ganzheitliche Seelsorge bei mir absolvierte, hat mich darauf hingewiesen, dass Patienten, die deswegen behandelt werden und Medikamente nehmen, nicht einfach die Einnahme einstellen und sagen sollen: Ich bin nur eine Ozean-Seele. Das muss bitte medizinisch sauber abgeklärt werden, da es sich auch um den nicht ausgeglichenen chemischen Haushalt von Botenstoffen im Körper handeln könnte!

Anmerkung von der AsB-Mitarbeiterin Yvonne Wieland: „Die Ursachen einer bipolaren Störung sind immer multikausal, d.h. es führen mehrere Faktoren zum Ausbruch der Erkrankung. Es kann deshalb auch sein, dass eine bipolare Störung durch eine vereiste Ozean-Seele begünstigt wird. Diese Ozean-Seele konnte sich nicht entfalten und es entwickelte sich große Ambivalenz und Zerrissenheit, was vielfältige seelische und psychische Störungen begünstigen kann.

Die Krankheitsdiagnose ist natürlich immer sehr ernst zu nehmen und es dürfen nie – ohne Rücksprache mit dem behandelnden Arzt – die Medikamente abgesetzt werden. Aber das Wissen um die Ozean-Seele kann entscheidend zur Linderung der Erkrankung beitragen."

Ich möchte Ihnen den offenen Bericht einer Frau aus Basel nicht vorenthalten: „Lieber Walter, es ist nun schon sieben Jahre her, seit ich das Seminar „Geheimnisse des Angenommenseins" besucht habe und von den Ozean-Seelen hörte. Ich möchte dir nachträglich noch die Hintergründe meiner Begeisterung schildern: Seit zehn Jahren war ich in Behandlung bzw. Therapie. Dann hörte ich deine Ausführungen in Basel. Vorher war ich bei einem gläubigen Seelsorger in meiner eigenen Gemeinde. Weil ich seelisch so große Wellentäler erlebte – manchmal verbunden mit tiefer Niedergeschlagenheit und Resignation – und weil ich keine Freudigkeit an diesem beständigen, geradlinigen und oft doch „soooo…" oberflächlichen Christenleben hatte, diagnostizierte er mich als „okkult" belastet.

Ich ging daraufhin zu einem Okkult-Seelsorger, der mich „lossprach" und einige „Dämonen austrieb". Die Erleichterung war nur kurzfristig. Meine Selbstzweifel und meine tiefen Wellentäler wurden längerfristig schlimmer. Nach drei Jahren ohne eine Besserung ging ich zu einem gläubigen Psychotherapeuten. Über weitere drei Jahre behandelte er mich – auch ohne Erfolg.

Ein gläubiger Psychiater diagnostizierte bei mir schließlich manisch-depressive Störungen und ich nahm nun 4 Jahre – bis zu deinem Seminar in Basel – passende Psychopharmaka.

Die Medikamente verbesserten meinen eigentlichen Zustand nicht, sondern hatten leider andere negative körperliche und psychische Auswirkungen, auf die ich jetzt konkret nicht eingehen möchte. Mir war zwar klar, dass es sich um eine Symptombehandlung handelte, aber ich fand keine Alternativen, obwohl ich in dieser Zeit noch vier weitere verschiedene christliche Seelsorger konsultierte.

Innerlich wurde ich noch mehr kaputt und verzweifelter, denn im Gemeindedienst war ich sowieso schon lahmgelegt. Die Freude und ein fruchtbringender Dienst – was ich von früher her kannte – waren mir zu Fremdworten geworden.

Allein schon das Verstehen meiner Ozean-Seele, das Erfassen, wie mein geliebter Schöpfer und Heiland mich geschaffen hat, war solch eine Befreiung und Hilfe, die ich gar nicht beschreiben kann. Keine kurzfristige Erleichterung, wie ich's schon oft erlebt habe, sondern etwas Fundamentales, auf das ich aufbauen konnte. Nein, ich war gar nicht die Manisch-Depressive, sondern – wie du es ausgedrückt hast: eine kerngesunde, facettenreiche Ozean-Seele, die aber noch nicht gelernt hatte, durch die hohen Wellen hindurch zu surfen, oder oben auf den Wellen zu „segeln"…

Ich habe mich dann mit der von dir empfohlenen AsB-Beraterin ausgetauscht, konnte die Tabletten absetzen, und es geht mir grundsätzlich so gut in meinem Leben wie schon Jahrzehnte nicht mehr.

Die Freude an der Gemeinschaft mit Gott, die Freude ihm zu dienen, von seiner Liebe, die mich erfüllt, weiterzugeben ist fester Bestandteil meines erfüllten Lebens geworden. Das Erkennen meiner Schattenseiten und die ganzheitliche Verletzungs- und Vergebungsarbeit war dabei auch noch ein großer Meilenstein. Ich kann nur sagen…" etc. etc.

Das ist der Bericht einer Frau aus der Schweiz, die verschiedene Therapeuten kennenlernte, die sicher alle helfen wollten, die ihr aber nicht erklären konnten, dass sie eine Ozean-Seele sei. Allein das Erkennen der Tatsache, dass sie eine Ozean-Seele ist, war für sie schon eine Befreiung. Das Erkennen allein hilft letztlich aber auch nicht weiter, es ist ein hilfreicher Beginn.

Man muss darüber hinaus lernen, durch die Monsterwellen hindurch zu tauchen, in den Wellenbergen zu surfen oder auf den Wellen zu segeln.

Das Ziel sollte sein, sich an seiner Ozean-Seele erfreuen zu können, indem man lernt, wie man mit seinen Wellenbergen oder Monsterwellen umgehen kann. Dann macht es wirklich Freude, eine Ozean-Seele zu sein. Und man bekommt eine neue Dankbarkeit dem Schöpfer gegenüber.

Zum Umgang mit den Wellenbergen später mehr.

Wenn wir bei jedem Windstoß mit unserem Segelboot umkippen, ins Wasser fallen und Salzwasser schlucken, dann haben wir tatsächlich ein großes Problem.

Die gläubigen Ozean-Seelen beten deshalb oft: „Oh Gott, halte doch die Stürme aus meinem Leben fern. Ich möchte so gern friedlich und ausgeglichen leben." Normalerweise erhört Gott dieses Gebet nicht. Warum? Nun ja, ich bin nicht der Pressesprecher Gottes, aber ich denke, Gott meint eher: „Hey, die Stürme sind doch okay. Zum Segeln braucht es nun mal Wind und zum Surfen benötigt man Wellen. Das Problem ist: Du kannst weder segeln noch surfen! Deshalb schenke ich dir Gelegenheiten, es zu lernen…"

Und segeln macht tatsächlich mehr Spaß, wenn es kräftig bläst. Ohne Wind geht es nicht. Ebenso freut einen das Surfen auf richtig hohen Wellen. Also lässt Gott in seiner Genialität die Stürme und Wellenberge zu; aber er lädt uns auch ein, unsere Fähigkeiten zu trainieren, auf dem Ozean zu segeln und auf seinen Wellenbergen zu surfen. Klar, dabei wird man auch mal nass! Na und? Das trocknet schon wieder…

Giftige Quallen sollen ein Bild dafür sein, dass die Schattenseiten der ozeanischen Persönlichkeit tatsächlich in ihrer Intensität sehr destruktiv zum Ausdruck kommen können. Denn wissen Sie, welches das giftigste Tier auf unserer Erde ist? Es ist die australische Seewespe. Sie gehört zu den Würfelquallen. Ihr gesamtes Gift könnte 250 erwachsene Menschen töten…

Mit den „Vulkanausbrüchen" und den „giftigen Quallen" werden wir uns noch befassen, bevor wir zum Umgang mit den „Monsterwellen" kommen und diese verstehen können.

Facettenreichtum

Ozean-Seelen können gute Pioniere sein, leidenschaftlich zielorientiert, existenziell begeisterungsfähig, global denkend, aber immer auch nach dem tieferen Sinn suchend. Die Frage: Soll das alles sein?! ist eine typische Frage einer Ozean-Seele – Was ist der tiefere Sinn vom Ganzen? Wie hängt alles zusammen? Stimmt das überhaupt? Wie passe ich dazu? Wer bin ich eigentlich?

Für andere Grundtypen erscheinen Ozean-Seelen daher oft als kompliziert, als schwer erfassbar und nicht „zu greifen". Statt diesen Sachverhalt als Hinweis zu nehmen, dass es sich bei dieser Ozean-Seele um eine höchst facettenreiche Persönlichkeit handeln muss, entwürdigt man diese Persönlichkeit und betitelt sie als „gestört", „undurchsichtig" oder gar „krankhaft".

Verständlicherweise sind Ozean-Seelen für jene zu kompliziert, die kaum etwas von diesem Schöpfungswunder verstehen. Es fehlt dann leider an Niveau, Schöpfungsehrfurcht und Reife, um einfach zuzugeben und zu sagen: „Wow, ist das ein mannigfaltiger Mensch, wunderbar und wertvoll, ich kann ihn nur nicht erfassen, denn er ist mir zu facettenreich". Leider ist dies aber nicht die übliche Reaktion...

Jedenfalls: Wenn Sie eine Ozean-Seele sind, dann sind Sie nicht kompliziert, sondern facettenreich!

Dies gilt es für sich selbst zuerst zu entdecken und dann – wie wir es noch sehen werden – die Reaktionen der Umwelt neu zu bewerten.

Dazu ein Statement von Felicitas, die heute ganzheitlich seelsorgliche Begleiterin (AsB) ist:

„Seit meinem Teenageralter bin ich überzeugte Christin. Zurückblickend muss ich mein Leben trotzdem zunehmend als „funktionierend" bezeichnen.

Schönheit an sich nahm ich kaum wahr. Alles wurde nur zweckmäßig wahrgenommen und gedeutet. Mein Seelenleben war wie vereist bzw. wurde von mir meist ignoriert.

Nicht selten brachen eine starke innere Leere und auch der Schmerz der Einsamkeit durch, obwohl ich dies durch vermehrtes Anstrengen von „christlich entschiedenem Leben" auszugleichen versuchte, was letztlich jedoch einem Unterdrücken oder Verdrängen gleichkam.

Doch ich lernte auch, „gut zu funktionieren" und viele Erwartungen und Anforderungen an mich als Christin zu erfüllen.

Dann erlebte ich eine Burn-out-Phase – und wurde zunehmend erfasst von den „Monsterwellen", die mich niedergeworfen und in die depressiven Phasen befördert hatten. Dabei plagten mich zeitweise Empfindungen von Angst, Hilflosigkeit und Verzweiflung.

Mein falsches Lebensklima wurde immer mehr geprägt von Selbstablehnung – bis hin zur Selbstverachtung.

Der eigenen Persönlichkeit, die ich zutiefst ablehnte, fühlte ich mich hilflos ausgeliefert, und ich misstraute mir selbst immer mehr. Eine innere Stabilität war nicht (mehr) vorhanden.

Dann lernte ich die Geheimnisse einer Ozean-Seele kennen. Die Folgen davon waren unter anderem:

Ich bekam langsam aber sicher Verständnis für meine innere Persönlichkeit – und auch für andere Menschen um mich herum.

Langsam entdeckte ich den Wert meiner Persönlichkeit und die Schönheiten, die mein Schöpfer in mich hineingelegt hat – und ich konnte mich immer besser selbst annehmen. Und wiederum auch die Menschen in meiner Umgebung.

Was erstaunlich war: Eine liebevolle Beziehung zu meiner Inneren Persönlichkeit und zu Jesus Christus wuchs, und ich bekam einen guten Zugang zu meiner eigenen Seele. Das waren genau die Früchte, die ich beim AsB-Seelsorgebasiskurs als „holokleros" kennenlernte.

Immer mehr konnte ich ganz persönliche Schönheiten (bildlich: „Korallenriffe") in meiner Ozean-Seele, aber auch andere Schönheiten in Gottes Schöpfung entdecken, was mich innerlich sehr dankbar und froh machte. Vor allem aber die Schönheit, die in Gott selbst verborgen ist. Ich lebe jetzt bewusster, kann Gottes Gaben und Schönheiten genießen und erlebte teilweise sehr praktische Veränderungen in meiner Lebensweise – die nun mit meinem Innenleben übereinstimmt. In dieser liebevollen „Dreierbeziehung" (mein Bewusstsein – meine Innere Persönlichkeit – Gott) kam auch die innere Einsamkeit zunehmend zur Ruhe.

Ich lernte, auf den hohen Wellengängen meiner Ozean-Seele immer besser zu „surfen" und konnte bald ziemlich souverän mit ihnen umgehen, was mir eine konstante innere Stabilität gab. Statt nur zu funktionieren (auch mit „christlichem Verhalten") freue ich mich jetzt über ein Leben mit viel mehr Qualität. Von der Selbstablehnung bin ich zur Selbstannahme gekommen."

Felicitas Stahl, Kinderkrankenschwester,
Glatten bei Freudenstadt

Der griechische Begriff „holokleros" stammt aus dem Neuen Testament:

„holokleros" bedeutet: **alle Teile habend** und setzt sich zusammen aus „holos" (= ganz, alles) und „kleros" (= Teil, Anteil). Es geht also um Ganzheit, und zwar um eine Ganzheit, bei der verschiedene Teile zusammengefügt werden.

*„Das Ausharren aber soll ein vollkommenes Werk haben, damit ihr vollkommen und vollendet seid **(holokleros)** und in nichts Mangel habt." (Jak 1,4 ELB)*
Holokleros bedeutet also nicht „perfekt sein" oder gar „Sündlosigkeit".

„Ganz" (also „holoklerisch") leben wir, wenn unser Bewusstsein eine liebevolle Beziehung zu unserer Inneren Persönlichkeit und zu Gott hat. So wird dieser Begriff in diesem Buch verwendet. „Holokleros" ist ein Ziel ganzheitlicher Persönlichkeitsreifung und lässt uns „leben" statt nur zu „funktionieren". (Näheres im Basis-Seminar „Geheimnisse wahrer Persönlichkeitsreifung" – siehe Anhang.)

Kapitel 5

Die verschiedenen Ozeane

Um die Ozean-Seelen noch besser verstehen zu können, präsentieren wir eine weitere Unterteilung – wiederum von der Schöpfungswelt unseres Globus abgeschaut: die großen Ozeane der Erde. Indik, Atlantik und Pazifik - wobei wir die Arktis und Antarktis als einen Typus Polarmeere zusammenfassen wollen.

Der weiteren Unterteilung liegt der Aspekt zugrunde, dass die Impulse, die durch die intuitiven Antennen erfasst werden, verschieden verarbeitet bzw. weitergeleitet werden.

Bei dem einen werden beispielsweise die Signale sofort in die Emotion (lateinisch: Empfindung) weitergeleitet, bei dem anderen zuerst stärker durch die Ratio (lateinisch: Überlegung) bearbeitet usw. Schauen wir uns die verschiedenen Typen genauer an:

Der indische Ozean (Indik)

…ist der drittgrößte Ozean der Erde.
Übersät mit etwa 5000 Inseln (z.B. Malediven) wechselt die Luftzirkulation in den tropischen Breiten des Indik zweimal im Jahr die Richtung. Denn im Sommer wehen die Monsunwinde (arabisch: Jahreszeit) vom Meer in Richtung Festland und im Winter umgekehrt vom Festland zum Meer. Durch diese Winde wird viel Feuchtigkeit transportiert, was auf dem Kontinent heftige Regenfälle verursacht.

Die „indische Ozean-Seele" leitet die Signale, die durch die intuitiven Antennen erfasst werden, unbewusst ganz stark an die Emotion weiter, wo sie sich primär durch Gefühle ausdrücken möchten.

Der Indik entscheidet oft aus dem Bauch heraus. Oftmals handelt er sehr gefühlsgeleitet. Auch gefühlsmäßige Stimmungsschwankungen sind sehr stark vorhanden.

Ist der Indik subjektbezogen, kann es zu starker innerer Verunsicherung kommen, vor allem wegen der Fülle nonverbaler Signale, die intuitiv erfasst werden. Subjektbezogen meint hier, dass die Person sehr stark auf die eigene innere Stimmung und ihre veschiedenen Gefühlsregungen konzentriert ist. Quasi: stets den Puls der eigenen Emotionen fühlen will.

Der objektbezogene Indik besitzt ein einzigartiges Einfühlungsvermögen. Er zeichnet sich durch tiefes Mitgefühl aus. Objektbezogen meint hier, dass er sich besonders auf seine Umgebung, seine Mitmenschen konzentriert. Er nimmt sogar deren innere Stimmungen wahr, seelische Spannungen erfasst er sofort.

Neben der Fähigkeit zur farbigen, gewaltigen seelischen Intimität findet sich hier auch eine stark ausgeprägte Barmherzigkeit.

Das intuitive Erfassen bekommt eine noch intensivere Dimension, was sowohl Empfindungen wie Schmerz und Scham zu gewaltigen Wogen auftürmt wie auch Mitleid, Leidenschaft, Freude und Begeisterung.

Gefühle können das ganze Individuum beherrschen. Sie sollten mehr zu „Dienern" werden (vgl. das AsB-Seminar: „Geheimnisse unserer Emotionalität" – s. Anhang)

Realität ist dann manchmal nur noch das, was Intuition und Emotion sagen... Die „Lebenslügen", die bei der Verletzungsarbeit, zu der wir noch kommen werden, aufzuspüren sind, halten sich dadurch besonders zäh. Eine ganzheitliche Verletzungsarbeit benötigt hier unbedingt auch eine starke Emotions-Arbeit (z.b. „Emotionsarabesken", wie sie als Teil der „ganzheitlichen Verletzungs- und Vergebungsarbeit" erläutert werden.) [6.] Sie wirkt einfühlsam heilend auf allen emotionalen Ebenen.

Da der Indik zu starken, sich aufopfernden Gefühlen fähig ist, können diese auch zu heroischem Handeln führen. Manchmal besteht hier sogar die Gefahr von „sich selbst aufopfernden" Co-Abhängigkeiten.

In einem seelsorglichen Gespräch erklärte mir Marina, damals eine junge Frau Mitte 20, warum sie sich mit einem „Junkie" befreundet hatte. Marina stammte aus einem christlichen Elternhaus und war ein typischer Indik. Zu Recht sah sie in diesem „Junkie" keinen Müll oder Abfall (engl. junk = Müll, Abfall), sondern ein wertvolles Geschöpf Gottes. Sven nahm schon seit der Teenager-Zeit Drogen. Jetzt war er durch Heroin ein menschliches Wrack geworden. Als sie Einladungen für eine christliche Veranstaltung verteilte, hatte Marina den 40-jährigen Sven kennengelernt. Sie kam mit ihm ins Gespräch und war von der Tiefe seiner Gedanken fasziniert. Voller Mitgefühl war sie überzeugt, diesem wertvollen Mann helfen zu können und zu müssen. Immer wieder trafen sie sich, und Sven machte auch einige Schritte in die richtige Richtung. Beflügelt von diesen Erfahrungen kam Marina zur Überzeugung, diesen süchtigen Mann „gesund lieben" zu können und zu sollen. Auch aufgrund ihrer Glaubensüberzeugung schien es ihr eine angemessene Lebensaufgabe zu sein. So zog sie mit ihm zusammen und wurde „seine beste Freundin".

Dass dies aber auch ein Weg war, um der eigenen Leere und dem eigenen Schmerz aus dem Weg zu gehen, das wusste Marina damals noch nicht. Sie geriet in eine immer größere Co-Abhängigkeit, bis sie selbst völlig fremdbestimmt nur noch funktionierte, statt zu leben. Für diesen wundervollen Indik war es ein schwerer Weg, aus dieser Abhängigkeit von Sven wieder herauszukommen. Aber sie ging ihn und kam zu einem befreiten, erfüllten Leben.

Einem eigenen tiefen Schmerz aus dem Weg gehen zu wollen, finden wir bei diesem Typus des Öfteren. Schmerz wird nämlich emotional meist extrem wahrgenommen. Der Gefühlsschmerz kann fast unerträglich sein und bei „Monsterwellen" können Gefühle tiefster Depression, Resignation und Lebensmüdigkeit entstehen.

Eine Zeitlang flog ich jährlich öfters nach Budapest, um dort Eheberater auszubilden. Da ich kein Ungarisch spreche, brauchte ich verständlicherweise einen Übersetzer.

Meine Übersetzerin war ein Indik. Und dies erwies sich als genial. Nicht nur, dass sie an sich nicht „penibel genau" übersetzte, sondern auch, weil sie meine Referate inhaltlich in ihre Kultur „übertrug" – ganz authentisch und mit innerer Begeisterung. Sie ging auch mit den Themen so sehr mit, dass sie bei humorvollen Passagen so sehr mitlachen musste, so dass die Zuhörer etwas warten mussten, bis sie fertig gelacht hatte, um weiter übersetzen zu können.

Bei Inhalten, die sie sehr berührten, musste sie immer wieder einmal weinen – und die Zuhörer mussten wiederum warten, bis sie ausgeweint hatte.

Für mich eine ideale Übersetzerin, an der sich niemand störte, sondern die jeder als einen Ausdruck der Indischen Ozean-Seele gerne genoss.

Der atlantische Ozean (Atlantik)

…ist der zweitgrößte Ozean der Erde.

Er ist einerseits der stabilste und andererseits auch der „Ozean der Extreme".

Der Golfstrom, der im Golf von Mexiko entsteht, bringt warmes (für uns in Europa lebensnotwendiges) Wasser in den Nordatlantik und ist verantwortlich für das relativ milde Klima.

Doch auch ein nährstoffreicher kühler Tiefenstrom aus der Arktis (das Gegenstück zum Golfstrom) ist vorhanden. Dadurch finden wir eine Lebensfülle verschiedener Fische vor – obwohl es in einer Tiefe von 1000 m völlig dunkel ist.

Beim Nordatlantik ist bekannt, dass sich haushohe Wellen aufbauen. In der Karibik, dem Sonnenparadies im Zentralatlantik, entstehen die Hurrikans durch das Aufeinanderprallen der kalten arktischen und warmen afrikanischen Luftfronten.

Auf dem Boden gibt es eine zerklüftete Erhebung, die den Atlantik (griechisch vom Helden Atlas bzw. Träger) etwa in der Mitte von Nord nach Süd durchzieht und sich kontinuierlich verbreitert. Hier steigt ständig Lava auf.

Die „atlantische Ozean-Seele" verarbeitet die Signale, die durch die intuitiven Antennen erfasst werden, hauptsächlich rational. Natürlich hat sie auch starke Emotionen – so wie sich der Atlantik durch seine Wärme durch den Golfstrom auszeichnet. Die Atlantik-Seele vermittelt mehr Sicherheit, da die Emotionen unter der Leitung der Ratio stehen.

Es sind jene Menschen, die sehr viel denken, viel bewegen, ständig am Überlegen sind und meist alle Möglichkeiten genau abwägen, um kein wichtiges Detail zu vergessen, bevor zur Tat geschritten wird.

Man schafft sich aus Vernunftgründen klare Strukturen. Klare Strukturen sind hier nicht die Bedürfnisse des Herzens, sondern das Ergebnis der Vernunft. Hätte man keine klaren Strukturen, würde man im Chaos versinken. So finden wir hier viele Planer und Pioniere. Die Leidenschaft des Herzens wird stark verbunden mit verstandesmäßigen Prozessen und Logik.

Hier besteht die Gefahr, dass manchmal die emotionale Seite zu klein gehalten wird, was zu tiefen inneren Spannungen führen kann. Die existenzielle Leidenschaft soll und darf auch emotional freigesetzt werden!

Der Zugang zur „inneren Persönlichkeit" ist besonders wichtig, da sich der Atlantik mit seiner „inneren Persönlichkeit" etwas schwertut. (vgl. AsB-Seminar: „Geheimnisse wahrer Persönlichkeitsreifung" – siehe Anhang)

Ozean-Seelen haben an sich keine starke Sehnsucht nach Beständigkeit. Sie sind innerlich auf Abenteuersuche.

Die „atlantischen Ozean-Seelen" geben sich aber aus Vernunftgründen Struktur, damit sie nicht im Chaos versinken.

Vernunft und Struktur müssen vorhanden sein, sonst würden sie zu „Bohémiens" werden, wie die französischen Lebenskünstler auf dem Pariser Hügel Montmartre. Der eine schreibt, wenn die Leidenschaft ihn packt, der andere malt, wenn er Lust dazu hat, der dritte komponiert, wenn ihn die Muse küsst. Man lebt von der Hand in den Mund. Es sind auch Ozean-Seelen – aber ohne „logische" Struktur. Verständlich, dass der Protest der Bohémiens gegen das Bürgerliche, Althergebrachte, Heuchlerische auch die Ablehnung üblicher Lebensstrukturen beinhaltet. Doch aus Vernunftgründen grenzt sich der Atlantik von diesem Extrem ab.

Stanley Dale
Beim Atlantik muss ich immer an den Pionier-Missionar Stanley Dale denken. Sein Wirken auf Irian Jaya (Papua Neuguinea) ist im Buch „Herren der Erde"[7] beschrieben. Gegen alle Widerstände verkündigte er dem Volk der Yali (noch bis in die 60er Jahre ein Kannibalen-Volk), das Evangelium.

Dieser Mann hatte viele Ecken und Kanten, und er machte auch sicher viele Fehler, doch wie sein Bekannter von ihm sagte: „Wer keine Fehler macht, macht auch sonst nicht viel…"

Stanley Dale versuchte, im Urwald eine Landebahn für Missionsflugzeuge zu bauen. Er stellte dazu einheimische Yali an. Doch sobald sich Stanley vom Arbeitsort abwendete, ließen die Einheimischen Schaufel und Hacke fallen und plauderten miteinander…

Stanley konnte nur mit einem Auge sehen. In der anderen Augenhöhle befand sich ein Glasauge. Eines Tages nahm er sein Glasauge aus der Augenhöhle und legte es auf einen Stein. „Seht" rief er den unmotivierten Bauarbeitern zu, „ich werde euch die ganze Zeit mit meinem Auge beobachten, auch wenn der Rest des Körpers nicht da ist."

Furchtsam immer wieder einen Blick auf das Glasauge werfend arbeiteten die Einheimischen an der Landebahn, die innerhalb kürzester Zeit fertiggestellt war.

Stanley Dale starb beim Predigen des Evangeliums – durchbohrt von unzähligen Pfeilen dieser Einheimischen – die später das Evangelium annahmen.

Die Polarmeere

…umgeben im Süden den Südpol (Antarktis = griechisch: gegenüber) und im Norden den Nordpol (Arktis = griechisch: nördlich). Sie frieren im Winter größtenteils zu. Im Sommer, wenn das Eis schmilzt, kommen in der Arktis sogar vielfältige Pflanzen zum Vorschein. Diese gefrorenen Ozeane sind lebenswichtig für unsere Erde. Auf dem Südpolarmeer schwimmen Eisflächen, von denen einige größer als ganz Deutschland sind. Die Eisberge des Nordpolarmeeres sind meist hoch und zerklüftet, die des Südpolarmeeres eher flach.

Die „Polarmeer-Seele" verarbeitet die Signale, die durch die intuitiven Antennen erfasst werden, vor allem intellektuell. Im Unterschied zur Ratio hat der Intellekt (lateinisch: Verstand) viel mehr Abstand zum Geschehen. Er kann in einer gewissen Weise distanziert ein Objekt umkreisen, darüber nachdenken und seine Schlüsse ziehen.

Für die intellektuellen Betrachtungen braucht die Polarmeer-Seele Zeiten des Eingefrorenseins. Diese Ozean-Seele darf sich verkriechen, Abstand nehmen von emotionalen Aufgabenstellungen, herausfordernden Beziehungen oder „Herzensangelegenheiten".

Meistens findet man bei ihr ein hohes gedankliches Niveau vor, sowie gute und bereichernde philosophische Ansätze. Auch ein wertvolles Erfassen göttlicher Prinzipien, Wunder und Gedanken, durchmischt von Logik und Verstand.

Jedoch kann es durch zu starke „Kopflastigkeit" zu Fehlinterpretationen, sowohl über die zur Umgebung gehörenden Menschen als auch über deren Gegebenheiten, kommen.

Intuitive Antennen werden durch die Vernunft stark „gefiltert". Das „Bauchgefühl" und die emotionale Seite kommen oft zu kurz. Die Schönheiten der Tiefsee sollten daher noch freudiger erforscht und die intuitiven Antennen „aufgetaut" werden.

Klaus wuchs in einem christlichen Elternhaus auf. Er besaß hohe „arktische" Anteile. Seine Eltern hatten beide Medizin studiert und unterhielten sich sehr gerne mit ihrem Sprössling, der sehr wissbegierig war. In der Sonntagsschule seiner Kirchgemeinde nervte er allerdings den Pastor oft mit tiefgründigem Hinterfragen, was für die anderen Kinder langweilig war, weil sie sich für diese Themen und Fragestellungen nicht interessierten.

Als Klaus 17 Jahre alt wurde, leisteten seine Eltern gerade für drei Monate einen gemeinnützigen Einsatz in

Afrika. Seine Großmutter versorgte Klaus bestens. Doch er kam in eine Glaubens- und Sinnkrise. „Warum soll ich glauben, dass die Bibel Gottes Wort ist? Was, wenn ich einem Trugschluss aufgesessen bin? Warum soll ich glauben, dass Jesus Christus auferstanden sei? Vielleicht war das nur ein Betrug von ein paar religiösen Leuten?" Er sprach darüber mit seiner Großmutter, einer lieben, tief religiösen Frau aus Bayern. Ihre Antwort lautete: „Weißt du Klaus, das musst du einfach glauben und deine Zweifel ablegen. Dann wird es schon wieder besser…" Die Großmutter hat es sicher gut gemeint. Wahrscheinlich war dies auch ihre eigene – für sie erfolgreiche – Strategie als „Chiemsee-Seele".

Obwohl viele – auch Ozean-Seelen – so mit Glaubenszweifeln umgehen, sollten wir Zweifel nicht abtun oder bagatellisieren, sondern ihnen auf den Grund gehen, denn sie gehören zum Glauben.

Doch durch diesen Hinweis wurde der Intellekt von Klaus absolut nicht befriedigt – und für ein „Polarmeer" (auch für die meisten „Pazifik- und Atlantik-Seelen", die in der Regel auch intellektuelle Anteile haben) muss der Intellekt befriedigt werden, sonst fehlt die Grundlage für eine ganzheitliche Persönlichkeitsentfaltung.

Glaube bedeutet ja nicht, dass man den Verstand und den Intellekt an der Garderobe abgeben soll. Auch wenn viele Gläubige diese Aspekte für das persönliche Glaubensleben überhaupt nicht benötigen – Ozeane mit intellektuellem Anteil brauchen das! Für Klaus war dies daher keine hilfreiche Antwort auf sein Problem.

In der ganzheitlichen Seelsorge lernt man dies zu erkennen und bei solchen Problemkonstellationen zuerst den

Intellekt zu befriedigen: Ja, es gibt klare Hinweise auf eine übernatürliche Inspiration der Bibel (ein Beispiel dafür: das Faktum der erfüllten Prophetie).

Ja, man darf logische Zweifel anmelden, und dann kann man zusammen beispielsweise die Möglichkeiten durchgehen, warum Jesu Grab plötzlich leer war (dies ist ja durch den jüdischen Geschichtsschreiber Josephus Flavius, der ein Christen-Gegner war, bestätigt).

Die Römer oder Pharisäer haben den Leichnam gestohlen – unlogisch, denn dann hätten sie beim Aufkommen der verhassten Botschaft „Jesus ist auferstanden, er lebt" einfach den Leichnam präsentieren können.

Oder: Die Jünger haben ihn gestohlen... – gegen römische Wächter, die das Grab bewachten unter der Bereitschaft, ihr Leben für die Bewachung zu opfern?

Und dieses Grüppchen hätte Tausende motivieren können und eine solche Kraft entwickeln, obwohl sie wussten, dass alles nur Betrug ist?!

Oder sie wären einer „Massenhypnose" zum Opfer gefallen, weil sie den Auferstandenen, Jesus, sahen – und hätten sich den Löwen vorwerfen lassen, weil ihnen die übernatürliche Beziehung mit diesem Auferstandenen so wichtig geworden war?

Mit 18 reiste Klaus nach Israel, um die Jesaja-Rolle der Qumran-Funde mit eigenen Augen zu sehen. Diese sind ja ein Beleg für die unverfälschte Überlieferung der Bibel und stellen deren Glaubwürdigkeit dar.

Im Aufbaukurs der AsB lernte er auch obige zweifelnde Fragen in befriedigender Weise zu beantworten.

Er äußerte sich ein paar Monate später: „Nun ist für mich „glauben" nicht mehr einfach „nicht-wissen", sondern ein ganzheitliches Vertrauen auf einer gesicherten Basis.

So kann ich mit Paulus sagen: „Ich weiß, an wen ich glaube"[8]. Also: ich weiß, auf wen ich mein Vertrauen setze…!"

Clive Staples Lewis
Der Oxford-Professor und Literaturwissenschaftler C. S. Lewis verkörpert solch eine Polarmeer-Seele. Zuerst ein atheistischer Intellektueller, kam er zum Glauben an Gott und überschrieb seine Biographie mit dem Titel „Überrascht von Freude". Als eingefleischter Junggeselle wohnte er lange mit seinem Bruder zusammen und beeindruckte seine Zeitgenossen mit seinem brillanten Denken.

Durch eine Freundschaft mit der Amerikanerin Joy Davidman Gresham begann er sich der Liebe zu öffnen und erst mit 59 Jahren fand (1957) die kirchliche Trauung statt. Joy war allerdings krebskrank und starb 1960 im Alter von nur 45 Jahren. C. S. Lewis selbst wurde 64 Jahre alt.

Sir Richard Attenborough verfilmte die Freundschaft und Liebe zwischen C. S. Lewis und Joy Davidman Gresham in eindrücklicher Weise (Filmtitel: „Shadowland). Die Wandlung des „Kopfmenschen" C. S. Lewis zum „Kopf- und Herzensmenschen" voller Liebe und tiefer Emotionen wurde vom Schauspieler Anthony Hopkins hervorragend dargestellt.

Der Pazifische Ozean (Pazifik)

…ist der größte und tiefste Ozean der Erde (rund doppelt so groß wie der Atlantik). Seine unterseeische Bergkette erhebt sich dort, wo zwei Erdplatten aufeinanderstoßen.

Dadurch entstehen Erdbeben, Vulkane und Flutwellen. In den warmen Gewässern des Pazifiks entstanden durch die Kalkablagerungen der Korallen zahlreiche von Riffen umgebene Koralleninseln (z.B. das große Barriere-Riff vor der Küste Australiens). Im Pazifik findet man die höchsten unterseeischen Gebirge und die tiefsten Stellen der Erde (Marianengraben: ca. 11 km tief).

Der Name des stillen Ozeans geht auf den Entdecker Ferdinand Magellan zurück. Er überquerte mit seinen Segelschiffen den Pazifik, ohne auf Stürme zu stoßen. Aus Dankbarkeit nannte er ihn daraufhin den „Friedfertigen", lateinisch *pacificus* (= der Friedfertige). Nur: Da täuschte sich Magellan. Im Äquatorgebiet des Pazifik entstehen immer wieder mächtige Wirbelstürme. Sie heißen Taifune und können Inseln und Küstengebiete völlig zerstören.

In „Tateinheit" mit El Nino (nicht zyklische, außergewöhnliche Strömungen im äquatorialen Pazifik) gibt es Dominoeffekte, das Wetter wird beeinflusst und kann Überschwemmungen und sintflutartige Regenfälle (Kalifornien oder Südamerika) oder Dürren (Indonesien) zur Folge haben.

Das Oberflächenwasser vor der Küste Perus erwärmt sich so sehr, dass die obere Wasserschicht nicht mehr mit dem kühlen und nährstoffreichen Tiefenwasser durchmischt wird. Deshalb kommt es zum Absterben des Planktons, das zum Zusammenbruch ganzer Nahrungsketten führt.

Die „pazifische Ozean-Seele" ist extrem facettenreich und ambivalent (lateinisch: gegenpolig) und besitzt meistens ziemlich gleiche Anteile der anderen Ozean-Typen. Das bedeutet, dass sie sowohl stark emotional, rational und auch intellektuell sein kann.

Bei manchen „pazifischen Strukturen" findet man interessanterweise auch ein echtes Verlangen nach Beständigem, nach Vertrautem. Also dasselbe Verlangen, wie wir es bei Bergsee-Seelen vorfinden. Allerdings aus anderen Beweggründen. Zwar schafft sich auch der Pazifik Strukturen aus Vernunftgründen, doch das Beständige und Vertraute kann auch als Gegenpol zu dem Chaotischen gewünscht werden. So kann der „Abenteurer" auch gerne mal Urlaub an einem Ort machen, der ihm sehr vertraut ist. Und jener, der normalerweise inmitten einer „schöpferischen Unordnung" lebt und arbeitet, kann immer wieder von einem Bedürfnis heimgesucht werden, detaillierte Ordnung zu schaffen.

Wir finden hier Menschen mit immer neuen Ideen, Visionen, Träumen und Zielen.
Der Pazifik kann sich völlig in andere hineinversetzen – aber sich leider auch darin verlieren…
Wie beim Indik finden wir hier tiefstes Mitgefühl und Barmherzigkeit, aber auch Unbeständigkeit und daher noch mehr Zerrissenheit zwischen aktuellem Erfülltsein und Verantwortungsbewusstsein.

Ein Mann erzählte mir, dass er sich noch sehr gut an eine Begebenheit erinnern kann, bei der er ungefähr sechs Jahre alt war. Er stammte aus einem armen Elternhaus. So war es für ihn ein besonderes Ereignis, mit seinen Spielkameraden auf einen Jahrmarkt zu dürfen und dabei 50 Pfennig in der Hosentasche zu haben.
Im Dorf kannte man eine alte Frau, die geistig und psychisch beeinträchtigt, aber stets fröhlich war. Die Gruppe von Jungen entdeckte diese Frau, als sie sich

eine Eiskugel kaufte und daran zu lecken begann. Plötzlich löste sich die Kugel von der Waffel, und das Eis fiel zu Boden. Völlig überfordert von dieser Situation, blickte die alte Frau schockiert auf das vor ihren Füßen liegende Eis, das langsam dahin schmolz.

Der Junge erfasste sofort die schmerzvolle Hilflosigkeit und Überforderung der alten Frau. Die anderen Buben machten sich lustig und lachten schamlos über die hilflose Alte. Dem Jungen dagegen kamen die Tränen. Er griff in seine Hosentasche, nahm sein 50-Pfennig-Stück, kaufte eine neue Kugel Eis und gab sie mit tröstenden Worten der alten Frau, die hoch erfreut war.

Der Pazifik reflektiert stark. Er kann sich völlig von den nonverbalen (lateinisch: nicht gesprochenen) Impulsen anderer, die er empfängt, leiten lassen, was manchmal zu starker innerer Unsicherheit führt. Er nimmt sehr viel wahr und versucht, es über seinen Verstand einordnen zu können.

Wenn der Pazifik die Signale des Umfeldes nicht richtig sortiert, findet sich jedoch auch eine starke Neigung zu Selbstverachtung. Praktisch bedeutet das, dass der Pazifik Gedanken, Herzenseinstellungen und Meinungen der Anderen über ihn selbst wahrnimmt – und sich von diesen beeinflussen und sogar beurteilen lässt. Das Problem dabei ist, dass – nach einem Artikel in „Psychologie heute" – 80 % aller Leute negativ über andere denken.

Nach C. S. Lewis gehört dies zum gefallenen Menschsein. Durch das negative Denken versucht man sich selbst aufzuwerten. Letztlich versucht man dadurch, seine eigenen Minderwertigkeitsgefühle zu kompensieren.

Gerade der Pazifik muss lernen, von den Meinungen anderer unabhängig und souverän zu werden.

Dieser Ozeantypus trifft auf das meiste Unverständnis und wird oft als psychopathologisch fehldiagnostiziert. Am häufigsten wird er als „bipolar gestört" bezeichnet – bis hin zum „Borderliner".

Inzwischen ist es Mode, dass man für alles Psychotests hat. Bitte glauben Sie nicht allen Tests, gerade wenn es um Ihre Seele geht!

Da alle drei Facetten sehr stark ausgeprägt sind: Emotion – Ratio – Intellekt, kann noch mehr extreme Zerrissenheit und „innere Spannung" entstehen. Vor allem bei „Monsterwellen", mit denen wir uns noch befassen werden. Ganzheitliche Antworten sind daher sehr wichtig. In der ganzheitlichen Seelsorge der AsB wird daher besonders Wert darauf gelegt, mit pazifischen Ozean-Seelen sowohl kognitiv und emotional, wie auch intellektuell zu arbeiten.

Wie bei der Polarmeer-Seele darf auch beim Pazifik der intellektuelle Zweifel nicht einfach abgetan werden. Gerade der Glaube darf nicht im Sinne von Immanuel Kant definiert werden: Glaube sei „nicht Wissen". Aber das betrifft nur den „Kant´schen Glauben"!

Wie weiter oben bereits erwähnt wurde, sagt Paulus dagegen zur Art und Weise seines christlichen Glaubens: „Ich weiß, an wen ich glaube..." [8]. Sein Intellekt ist befriedigt. Er weiß, worauf er sein Vertrauen setzt.

Auch seelsorglich muss hier oftmals erst ein Fundament gelegt werden, damit auf ein intellektuelles Wissen auch ein gläubiges Vertrauen gebaut werden kann.

Da sich der Pazifik selbst in intensiver Weise fehlinterpretieren kann, benötigt er die Reflexion durch ein Gegenüber. Sehr hilfreich wäre hier eine echte, tiefe und absolut ehrliche Seelen-Freundschaft. Auf dieser Grundlage völliger Annahme und Wertschätzung könnte sich die Pazifische Seele öffnen, ohne Angst davor haben zu müssen, zurückgewiesen zu werden.

David
Den Prototyp einer pazifischen Ozean-Seele finden wir im biblischen König David. Welch wundervolle Psalmen entsprangen seinem dichterischen Herzen! Ein kreativer, musischer Mann. Bei manchen Psalmen kommen einem die Tränen, weil sie die besondere Nähe am Herzen Gottes ausdrücken.
Doch andererseits machte sich niemand in der Bibel derart krasser Verfehlungen schuldig wie David. Er verabscheute die Heuchelei und war selbst ein heuchlerischer Schauspieler! Er brach die Ehe, mordete und log…

Wenn es Ihnen schlecht geht und Sie jemanden brauchen, um sich zu vergleichen, dann nehmen Sie David als Vergleich: Da schneiden Sie immer besser ab! Denn dann können Sie immerhin sagen: „Nein, ich habe noch keine Städte mitsamt Mann, Frau und Kind ausgelöscht."

David schon. Er hat ganze Städte vernichtet, damit seine Heuchelei nicht publik wird. Er belog den Philister-König, als er ihm sagte, dass er nur israelische Städte auslöschen wollte, dabei waren es Philister-Städte. Und damit keiner etwas sagen konnte, wurde jeder getötet, der etwas berichten konnte.

David hatte Blut an den Händen, darum sollte er später auch keinen Tempel bauen. Und doch bezeichnet ihn Gott als „einen Mann nach meinem Herzen" (Apg. 13,22).

Ihn hat es als Ozean-Seele ausgezeichnet, dass er immer wahrhaftig das Herz Gottes gesucht hat und immer wieder umgekehrt ist – hin zum Herzen Gottes.

Marisa Martins
Die Autorin des autobiographischen Buches „Parabola" kann man als neuzeitliche pazifische Ozean-Seele bezeichnen.
Parabola ist eine riesige Farm, auf der zig adoptierte Straßenkinder aufgenommen wurden. Was Marisa beschreibt ist ehrlich. Ihr Mann konnte sie oft überhaupt nicht erfassen. Tagsüber war sie bei den Straßenkindern, kam abends nach Hause und berichtete, wie ihr Herz von diesen Straßenkindern ergriffen wurde. Und sie auch deren Herz gewann – sodass die Straßenkinder sie sogar eines Tages vor korrupten Polizisten beschützten.
Da war z.B. ein Junge, der Schreckliches erlebt hatte, sogar von der eigenen Mutter gequält wurde. Er hatte so starke Aggressionen in sich, dass er einmal auf Marisa losgegangen ist. Sie rangen miteinander und gingen auf den Boden, und Marisa sagte: „Wenn du das Bedürfnis hast, mich zu schlagen, dann schlag mich." Da begann der Junge zu weinen, weil er das Evangelium verstanden hatte.
Das ist das, was Jesus gemacht hat. Er hat sich schlagen, kreuzigen und töten lassen, um uns zu befreien. Dieser Junge vollzog in diesem Augenblick eine Umkehr, und

plötzlich sah er die Schätze hinter seinem Leid. Sein Entschluss stand fest: Er studierte Jura, wollte Richter in Sao Paolo werden, um damit den Straßenkindern zu helfen. Er meint, dass all das Erlebte dazu geführt habe, überhaupt an diesen Punkt zu kommen, Richter werden zu wollen. Durch das Leben mit Gott verschwand seine Bitterkeit und Resignation. Ein gutes Beispiel, wie Gott eine Ozean-Seele gebraucht – aber nicht ohne Schwierigkeiten.

Facettenreichtum des Schöpfers

So wie wir auf der Erde noch Tausende von unterschiedlichen Meeren und Seen vorfinden (vom Kaspischen bis zum Toten Meer, vom Mittelmeer bis zum See Genezareth, vom Baikalsee bis zum Bodensee) so vielfältig sind die menschlichen Grundtypen…
Wie sich auch Bergseen und Ozeane nicht starr einteilen lassen, und wie die Erde unterschiedliche Seen und Meere aufweist, gibt es derart unterschiedliche Grundtypen, dass jede starre Einordnung am Kern dieser Typologie vorbeigehen würde.
Daher halten Sie fest: Sie sind ein Original, das es auf dieser Erde nur einmal gibt. Machen Sie sich das bewusst!
Ja, Sie teilen auch Typisches mit anderen Menschen, aber all diesem Typischen geben sie Ihre Originalität.
Das Typische hilft Ihnen, Ihre Originalität zu finden.
Daher: Bitte keine platte Einordnung in irgendeinen Typus – die Typologie bitte nur als Hilfe nehmen, um sich auf Ihre Forschungsreise zur persönlichen Originalität zu machen…

Kapitel 6

Problem-Konstellationen

*„Rufe mich an, so will ich dir antworten und dir große
und unbegreifliche Dinge verkünden,
die du nicht weißt." (Jer. 33,3 SLT)*

Zerbrochene Freundschaften

Gerade in Freundschaftsbeziehungen ist es so, dass sich
Ozean-Seelen und Bergsee-Seelen anziehen wie das
Licht die Motten.

Das ist verständlich, denn der Ozeantypus denkt: „Super,
ein Mensch wie ein schöner, friedvoller Bergsee. Der
strahlt Stabilität und Beständigkeit aus." Und die Bergsee-Seele denkt: „Welche Tiefe, welch musische Ader,
welch ein Facettenreichtum ist doch in diesem Menschen vorhanden!"

Diese Tiefe wird allerdings von der Bergsee-Seele mit
der Zeit vielleicht als „zu kompliziert" wahrgenommen.
Die Ozean-Seele merkt, dass die Bergsee-Seele sie nicht
erfassen kann und bleibt innerlich allein. Der Bergsee
wiederum fühlt sich überfordert. Nicht selten führt das
zu großen Spannungen und Konflikten.

Oftmals zerbrechen daran sogar Freundschaften.

Man war sich nähergekommen und hat sich immer besser kennengelernt. Die anfänglich beidseitige Begeisterung ließ schnell nach. Die Gedanken der Ozean-Seele waren dem Bergsee zu tief, zu anstrengend und zu „kompliziert". Und beim Versuch, die Ozean-Seele, in die er sich ja verliebt hatte, immer mehr zu erfassen und zu verstehen, fühlte sich der Bergsee überfordert und kam an seine Grenzen. Der Bergsee-Typus – sonst immer so praktisch und nach vorne ausgerichtet – erlebte sich in dieser Beziehung nun nicht „erfolgreich", und dies frustrierte ihn immer mehr.

Die Ozean-Seele dagegen war frustriert, weil sie gehofft hatte, dass der wundervolle Bergsee sie immer mehr zu lieben versteht, dass er sie immer tiefer erfassen und bis in die Tiefe ihrer facettenreichen Seele verstehen lernen wird. Weit gefehlt. Die Erfahrung zeigt das Gegenteil. Die Ozean-Seele merkte, wie sich der Bergsee bei „persönlichen, seelisch-vertrauten" Themen immer mehr zurückzog, weil es ihm zunehmend unangenehm wurde, über so „komplizierte Seelenkonstellationen" und über so „außergewöhnliche Gedankengebäude" nachzudenken und zu reden.

„Mit dir hält's niemand aus! Du bist eine blöde Kuh und unheimlich kompliziert!" Das war der Schlusssatz einer vielversprechenden Beziehung, wie mir eine junge, wundervolle Ozean-Seele erzählte. Sie weinte dabei, denn so etwas Ähnliches hatte sie immer wieder gehört, berichtete sie mir weiter.

Wenn eine Ozean-Seele dies öfters erlebt, dann glaubt sie es mit der Zeit selbst. Man empfindet sich selbst als

„zu kompliziert" und kommt immer mehr zur Überzeugung, man sei „unnormal", „gestört" und nicht wirklich beziehungsfähig. Man glaubt leider mit der Zeit dieser eindeutigen Lüge.

Klar, diese facettenreiche Ozean-Seele konnte von vielen Verehrern, die sich einfach in die attraktive „Karosserie" verliebten, nicht erfasst werden. Man kann ja auch nicht von jemandem verlangen, er soll eine Faust machen, wenn er keine Finger hat – diese jungen männlichen Bergsee-Seelen konnten diese facettenreiche Ozean-Seele einfach nicht erfassen.

Es ist aber völlig unfair, lieblos und dumm, diese Ozean-Seele dann als „blöd" oder „zu kompliziert" abzustempeln – nur, weil man sie nicht richtig erfassen kann.

Sicherlich werden die wenigsten Physiker von Nicht-Physikern verstanden, wenn sie Gesetze über Quantenphysik erläutern oder andere physikalische Erscheinungen erklären wollen. Würde ich diese schwer verständlichen Bereiche der Physik jedoch einfach als Blödsinn bezeichnen, wäre das nicht die angemessene Reaktion darauf. Der Physiker versteht, was er da von sich gibt – nur ich leider nicht. Von „blöd" zu reden wäre dumm und würde nur von meinem äußerst niedrigen und niveaulosen Urteilsvermögen zeugen.

Gerade deshalb sollten Sie sich als Ozean-Seele wirklich folgendes für sich selbst verinnerlichen:

**„Ich bin nicht kompliziert,
sondern ich bin facettenreich."!**

Manche Leute können einfach den Facettenreichtum einer Ozean-Seele nicht erfassen – aber das ist deren Problem und nicht das Problem des Ozeans! Glauben Sie dieser Lüge nicht – auch wenn Sie sich selbst als kompliziert empfinden.

Das hat nur damit zu tun, dass Sie und andere die eigene Ozean-Seele noch nicht richtig erforscht und erfasst haben. Wenn Sie diese besser erfassen können, fühlen Sie sich nicht mehr „kompliziert". Sie bekommen dagegen immer mehr Freude an der eigenen Ozean-Seele und werden zunehmend dankbar dafür, wie wunderbar Gott Sie geschaffen hat.

Paare, die auf eine Ehe zugehen, sollten also neben der Frage „willst du mich lieben bis dass der Tod uns scheidet…" auch erfragen: „Willst du dein ganzes Leben lang meine Ozean-Seele erforschen und darin tauchen, bis dass der Tod uns scheidet?"

Wenn dann die Antwort käme: „Nun ja, ich denke, nach der Hochzeit wird es sicher einfacher mit dir. Danach hast DU dich nämlich mir anzupassen!" – dann schicken Sie solch einen Heiratswilligen bitte in die Wüste! Bitte diesen Menschen keinesfalls heiraten!

Wenn das Gegenüber dagegen begeistert ausruft: „Ja, ich freue mich drauf! Bei dieser Entdeckungsreise wird es mir sicher nie langweilig!" dann könnte es eher der richtige Partner oder die richtige Partnerin sein.

Hier wird deutlich, wie die Wunder in Gottes Schöpfung oft verzerrt und kaputtgemacht werden, indem die

Ozean-Seele mit einem negativen Etikett beklebt wird. Dabei handelt es sich wirklich um ein Schöpfungswunder und um Schöpfungsschönheiten. Klar, eine Spinne kann auch keine Landschaft bewundern, einfach deshalb, weil sie nicht so weit sehen kann…

Niemand würde auf die Idee kommen, die Wellenreiter von Malibu oder Acapulco als „gestört" zu bezeichnen, nur, weil man ihre Freude am Surfen nicht nachvollziehen kann! Und diese Surfer würden den Pazifik, der ihnen die hohen Wellen vor Hawaii schenkt, niemals als „krankhaft" betiteln!

Dass uns unzählige Geheimnisse noch verborgen sind, ist aber nicht das Problem der Ozeane, sondern hängt eher mit unserer Bergsee-Begrenztheit zusammen.

Karl-Heinz, ein „Atlantik" mit intellektuellem Einschlag (also Anteilen von den Polarmeeren), lernte ich auf dem Fachseminar „das Liebes-Geheimnis" in Österreich kennen. Er war Mitte dreißig, hatte eine sportliche Gestalt und volles blondes Haar. Obwohl er ein gewisses Quantum an Selbstbewusstsein ausstrahlte, empfand ich doch seinen Schmerz und seine Verletzungen unter der Oberfläche. Im persönlichen Gespräch öffnete er sich schnell und erzählte mir – ich habe von ihm natürlich die Erlaubnis, seinen Bericht hier zu veröffentlichen – folgendes:

„Ich war so glücklich, als ich Marina kennenlernte und unsere Freundschaft begann. Wir schienen das Dream-Team zu sein. Auch die Glaubensgeschwister in meiner freikirchlichen Gemeinde freuten sich mit uns. Marina war wie ich aktive Christin, unterrichtete in der Sonntag-schule und wollte – wie ich – eine christliche Familie gründen.

Körperlich zogen wir uns immens an – und nach sechs Monaten verlobten wir uns.

Wir konnten gut kommunizieren – so lange es sich, wie ich irgendwann mal merkte, um alltägliche, praktische Dinge handelte.

Sobald ich jedoch meine Ideen, Zukunftsprojekte und Lebensmöglichkeiten mit ihr austauschen wollte oder meine etwas provokativen und hinterfragenden Gedan-ken zu unserem Christenleben äußerte, wandte sie sich sehr schnell uninteressiert ab. Sie hatte mich wirklich lieb – aber die Fülle meiner Gedanken schien sie zu über-fordern. Und vor allem konnte sie meine Zukunftsideen nicht teilen, die immer wieder vom Bedürfnis nach Abenteuerlichem (mit Gott) getränkt waren.

Im Zweifel an mir selbst rutschte ich schnell in Selbst-ablehnung und depressive Stimmungen ab. Das konnte Marina überhaupt nicht nachvollziehen und wollte mir stets helfen mit dem Satz: „Danken schützt vor Wanken, Loben zieht nach oben…".

Ich reagierte aggressiv dabei, weil es zwar stimmte, aber nicht das Problem meiner Seele traf. So gerieten wir beide immer mehr in Frust. Bis sie mir eines Tages unter Tränen mitteilte, sie wolle die Verlobung auflösen. Sie hätte mich sehr lieb, aber ich sei einfach zu kompliziert und wahrscheinlich sogar psychisch gestört, denn mein Denken, mein Erleben bzw. meine Extremheit seien nicht normal.

Für mich brach eine Welt zusammen – und ich war im-mer mehr davon überzeugt, dass Marina in ihrem Urteil über mich recht hatte…"

Nein, Marina hatte nicht recht mit ihrem Urteil. Aber als Bergsee-Seele konnte sie die Welt von Karl-Heinz nicht erfassen – wie auch, da sie von niemandem motiviert wurde, die „ozeanischen Welten" in ihrer Andersartigkeit zu erforschen und „verstehen" zu lernen, auch wenn sie vieles vielleicht selbst gar nicht wirklich würde „nachempfinden" können.

Schon ein dreiviertel Jahr, nachdem Karl-Heinz den Basiskurs für ganzheitliche Seelsorge absolviert und die Geheimnisse der Ozean-Seelen kennengelernt hatte, schrieb er mir, dass er eine neue Grundlage für sein Selbstbild in der Erkenntnis des „atlantischen Ozeans" gefunden habe und er eine neue Freundin habe, die zwar selbst kein „Ozean", aber so eine Art „Mittelmeer" sei und ihn mit Freude in seiner tiefen Persönlichkeit erforschen und entdecken wolle.

Heute sind die beiden bereits 8 Jahre verheiratet und leben eine wundervolle Ehebeziehung.

An diesem Beispiel wird deutlich, dass es nicht darum geht, welche Typen-Konstellationen in einer Beziehung zusammenkommen, sondern wie das Maß und der Wille ist, den anderen zu erforschen, zu erkennen und seine tiefe Persönlichkeit entdecken zu wollen.

Edelgard und Heinrich kamen in die Eheberatung, weil sie schwere Probleme miteinander hatten. Beide liebten sich, aber sie waren aufgrund der ständig zunehmenden Missverständnisse und Streitereien sehr frustriert.

Heinrich war eine tiefe Ozean-Seele, Edelgard eine liebe, praktisch begabte Bergsee-Seele.

Für Edelgard war es wichtig, ihren Horizont zu erweitern und das Wesen einer Ozean-Seele zu erforschen.

Bergsee-Seelen können nämlich lernen zu erforschen und zu verstehen, auch wenn sie selbst nicht nachempfinden können, was die Ozean-Seele in der Tiefe empfindet. Auch das ist praktizierte Liebe, die fragt: Was ist das wahre Bedürfnis des anderen?

Eine Ozean-Seele will erforscht werden, aber sie muss ihrerseits auch verstehen lernen, dass eine Bergsee-Seele nicht immer „auf Tiefgang" sein will, sie hat zwar dasselbe Empfindungsvolumen, bei ihr ist es jedoch anders gelagert, ebenmäßiger, „horizontaler".

Diese Ergänzung kann in einer Beziehung sehr fruchtbringend und bereichernd sein. Es ist daher wichtig, dies bei der Partnerwahl im Blick zu haben, bzw. gegenseitig zu lernen auf „Erforschungsreise" zu gehen. (vgl. W. Nitsche: „Partnersuche und Partnerwahl unter der Führung Gottes" vgl. S. 238).

Von der Verbindung einer extremen Bergsee- mit einer extremen Ozeanseele würde ich abraten – wenn man bereits verheiratet ist, braucht man die Hoffnung nicht aufzugeben. Es bedarf einfach einer geduldigen Arbeit bei der gegenseitigen „Horizonterweiterung" und dem Lieben-Lern-Prozess.

Fehlgeleitete Selbstreflexionen

Durch das starke innere Verlangen nach Wahrhaftigkeit und Tiefe ist der Ozean-Typus sich selbst gegenüber normalerweise ebenfalls sehr kritisch. Und er nimmt dadurch bei sich selbst auch ehrliche innere Regungen wahr, die er als „nicht nur gut" bewertet.

Diese Wahrhaftigkeit sich selbst gegenüber ist an sich sehr gut, birgt aber auch die Gefahr in sich, dass man das verdrängt, womit man nicht umgehen kann.

Zur Verdeutlichung dazu ein Briefauszug von Regina: „Seit über zehn Jahren bin ich eine entschiedene Christin. Als Gott mir damals meinen wirklichen Zustand der Verlorenheit vor Augen führte und ich seine wunderbare Vergebung und Errettung ergreifen durfte, war mir auch schon klar, dass mein Wesen voller Stolz, Eitelkeit und Angeberei war...
Im Laufe der Zeit merkte ich, dass die Sucht nach Ehre, die Gewohnheit der Übertreibung oder meine Eitelkeit immer wieder zum Vorschein kam, obwohl ich doch so sehr dagegen kämpfte, Gott um Zerbruch und Demütigung bat und auch jedes stolze Gefühl gleich als Sünde bekannte...
Inzwischen habe ich mich immer mehr von der aktiven Mitarbeit in meiner Kirchgemeinde zurückgezogen, denn ich merke, dass ich heuchle, ich merke, dass Eitelkeit und Stolz immer noch vorhanden sind und ich auch bei christlichen Aktivitäten von verschiedenerlei Gründen bewegt bin: leider auch von Ruhmsucht. Ich habe resigniert und kann nicht mehr glauben, dass es mit mir noch besser werden könnte..."[9]

Der falsche Umgang mit ihrer ehrlichen Erkenntnis ließ Regina resignieren.

Weil sie aus ganzheitlich seelsorglicher Sicht folgende bedeutsamen Fehler machte, führten diese sie schließlich zur Resignation:

    a) sie verwechselte Anfechtung mit Sünde,
    b) sie ging falsch mit ihren Gefühlen um,
    c) sie hatte einen falschen Maßstab sich selbst gegenüber und erwartete im Prinzip, dass sich ihr „sarx" (also die Schattenseite ihrer Persönlichkeit bzw. das „Fleisch") in ihr ändern würde.

Zu diesen Punkten gibt es ausführliche Erläuterungen im Kapitel „Schattenseiten („sarx") – Ursache für „giftige Quallen".

Gerade für eine Ozean-Seele ist es wichtig, dass sie es sich leisten kann, ins wahre Gesicht der Schattenseiten ihres eigenen Wesens zu schauen.

Eine Ozean-Seele kann schnell verstehen, wenn man ihr erklärt, dass die Schattenseite der Persönlichkeit zu jeder Schandtat fähig ist. Die aufrichtige Selbsterkenntnis wird das akzeptieren.

Deshalb sollten Ozean-Seelen, sofern sie an Gott glauben, aber auch zur Gewissheit kommen: „Ich bin geborgen in Gottes Hand. Jesus hat für all mein Versagen und meine Schuld bezahlt. Ich brauche keine Angst mehr zu haben."

Ozean-Seelen sind zutiefst empfindungsfähig, existenziell ganzheitlich denkend und sehr tiefgehende innere Persönlichkeiten.

Die sich verändernde Selbstreflexion beschreibt Sina wie folgt:

"Seit ich das erste Mal von den verschiedenen "Seelentypen" gehört habe, wusste ich, dass eine große, bisher unbekannte Wahrheit darin steckt.
Es war verblüffend, wie sehr ich mich wiedergefunden habe in der eigentlich neutralen Beschreibung der Ozean-Seele, bzw. dem „Pazifik".
Mir wurde ein neuer Blick auf andere, aber viel mehr auf mich selbst geschenkt. Vieles, was ich zuvor als "seltsam" oder "anders als bei anderen" eingeordnet hatte, sehe ich seither als einen Teil von mir, auf den ich stolz sein darf!
Für mich wurden Eigenarten zu Bonuseigenschaften, die mir Gott gegeben hat, Hochs und Tiefs zu typischen Monsterwellen und verrückte Ideen, Risikobereitschaft, Neugierde und besonders intensive Gefühle zum normalen Leben einer Ozean-Seele."
Sina Laborenz, Lehramtsstudentin
Karlsruhe

Selbstzweifel und Selbstablehnung

Es ist völlig normal, dass Ozean-Seelen sich in Frage stellen und Selbstzweifel haben. Doch wenn man Fehldiagnosen annimmt und ihnen glaubt, denkt man zunehmend: „Mit mir stimmt etwas nicht. Ich bin ja anders als die anderen. Ich bin sicher gestört und unannehmbar". Schnell findet man sich dann auch nicht liebenswert oder fürchtet um seine Beziehungsfähigkeit.

Dies alles kann von zunehmender Selbstablehnung bis hin zum Selbsthass führen.

Über die Hälfte kerngesunder Ozean-Seelen haben irgendwann in ihrem Leben einmal Suizidgedanken (lateinisch: Selbstmord). Das hängt sehr oft mit dieser tiefen Sehnsucht nach Wahrhaftigkeit zusammen. Sie graben und forschen, wollen den Sinn finden – und entdecken nicht nur ihre eigenen Schattenseiten in tiefgehender Weise, sondern nehmen dann auch die Oberflächlichkeit des Lebens um sich herum wahr, die von ihrem Umfeld oft vor- und ausgelebt wird.

Viktor Frankl, der Begründer der Logotherapie, prägte den Begriff „existenzielle Frustration". Dieses Wort hört sich nur kompliziert an, ist aber leicht zu verstehen: Jeder weiß was Frust ist. Wenn ich Frust habe, der bis in meine Existenz hineinreicht, dann bin ich „existenziell frustriert."

In seinem Buch „Trotzdem Ja zum Leben sagen" [10] beschreibt Viktor Frankl das Leben im KZ und zeigt auf, dass manche überlebten, obwohl sie schlechtere Bedingungen ertragen mussten als andere, die nicht überlebten. Seine Begründung für das Überleben dieser Menschen findet er im Sinn, den diese Personen selbst in dieser Situation noch sahen. Dieser Sinn hat ihnen die Energie gegeben, weiterzukämpfen und dies alles zu überleben. Wenn man jedoch so existenziell frustriert ist („Bei mir ist sowieso Hopfen und Malz verloren!"), passiert es leicht, sich selbst aufzugeben: „Mir ist alles egal. Alles ist sinnlos!" Hier ist der Weg in Suizidgedanken nicht

weit. Ein Weg, der als letzter Ausweg aus dieser existenziellen Sinnkrise erscheint.

Meistens redet man nicht darüber – diese Problematik ist
nicht „salonfähig". Vor allem, weil Ozean-Seelen hier
eine angstvolle Blockade haben. Stellen Sie sich vor,
solch eine Ozean-Seele ist ein gläubiger Christ. Dann –
so meinen diese Personen – kann man diese Gedanken
doch niemandem sagen. Gerade weil man gläubig ist,
möchte man niemanden schockieren, enttäuschen oder
verängstigen.

Sie denken: Entweder komme ich in die geschlossene
Abteilung einer psychiatrischen Anstalt oder ich bin sowieso bei den Mitchristen durchgefallen und niemand
kann mich mehr ernst nehmen. Dann kann ich meinen
Gemeindedienst und alles, was damit zusammenhängt,
vergessen. In dieser Situation kann also diese zusätzliche
Last von selbst auferzwungener Geheimhaltung hinzukommen.

Dies belastet noch zusätzlich und erschwert den Ausweg
aus der Sinnkrise. Sie vertieft sich eher noch, weil die
Ozean-Seele damit allein bleibt. So können die finsteren
Gedanken „Nester" bauen und einem beherrschen.

Die Selbstirritation kann bis zum Selbsthass führen. Das
ist einer der schlimmsten Nachteile der Ozean-Seelen,
wenn sie in diese Schiene hineingerutscht sind. Denn
jetzt stellen sie sich mit ihrem Ozean (sie wissen ja nicht,
dass es eine kostbare Ozean-Seele ist) derart in Frage,
dass sie sich selbst zutiefst ablehnen. Sie erfassen dabei
nichts mehr von den Schönheiten ihres Ozeans, sondern

stellen nur Ab-Normalität fest und beginnen, sich selbst zu verachten bzw. sich leider schließlich selbst zu hassen.

Der Psychotherapeut Dr. Rolf Merkle schreibt: „Selbstzweifel und erst Recht Selbsthass führen zwangsläufig zu Depressionen. Wenn man sich für Fehler verurteilt und denkt, man sei wertlos und sieht keine Chance, sich zu ändern, dann fühlt man sich hilflos, dann bemitleidet man sich vielleicht, dann macht man sich Schuldgefühle und Vorwürfe, dass man so wenig aus sich macht, dann ärgert man sich über sich selbst, dass man so schwach ist. Die Folge: Depressionen.
Und je deprimierter man ist umso weniger man auf die Reihe kriegt, umso wertloser fühlt man sich, umso mehr geht die Selbstachtung in den Keller und umso tiefer fällt man in ein schwarzes Loch, aus dem es scheinbar kein Entrinnen gibt." [11]

Die ganzheitlich seelsorgliche Begleiterin Renette Hofmann beschreibt ihre Erfahrung wie folgt:

„Ich weiß noch, als ich Walter Nitsche das erste Mal im April 2010 über die Ozean-Seele sprechen hörte, kam aus meinem Munde: „Ich bin ja normal!" und anschließend weinte ich.
Welche Erleichterung hatte ich beim Erkennen, dass ich „normal" bin, empfunden. Ich bin nicht kompliziert, sondern facettenreich – und von Gott so geschaffen und gewollt.
Diese Erkenntnis hat mein Leben verändert und meine Einstellung zu meiner eigenen Persönlichkeit, als auch anderen gegenüber!

Eine Ozean-Seele mit intuitiven Antennen, die Schauspielerei hasst und doch selbst ein Schauspieler ist (da musste ich selbst schmunzeln). Eine Ozean-Seele mit natürlichen Monsterwellen und giftigen Quallen.

Mein Seelenleben war ursprünglich geprägt von Schuldgefühlen und Verachtung. Ich selbst kam mir nicht normal vor und bin daran fast verzweifelt. Wie oft dachte ich, warum kann ich nicht einfach so sein wie die anderen. Warum denke ich anders, warum fühle ich anders; und ich verstand mich selbst nicht.

Durch Fehldeutungen wurde mein Negativ-Empfinden noch verstärkt. Kaum jemand verstand mich (ich mich selbst ja auch nicht), und ich zog mich immer mehr zurück. Ich unternahm große Anstrengungen, um mich anzupassen. Selbst wenn ich unter Menschen war, fühlte ich mich alleine. Ich lebte mit einer starken Unsicherheit, die meist geprägt war von Scham und Angst.

Zu wissen, dass ich eine facettenreiche Ozean-Seele bin und geliebt mit meinem Facettenreichtum, das allein entpuppte sich für mich als unendliche Erleichterung. Ich bin nicht kompliziert, sondern vielfältig. Ich wurde so von Gott geschaffen. Ich muss nicht denken und fühlen wie andere. Ich darf zu mir stehen und mich annehmen. Das geht allerdings nicht von heute auf morgen, sondern es ist ein Prozess. Wenn mich eine „Monsterwelle" überrascht, verstehe ich, dass ich nun „unter der Welle" bin und das verletzte Kindische in mir reagiert. Doch heute drückt mich das nicht mehr nieder, denn ich weiß, der Zustand vergeht wieder und ich kann danach auf meinem Ozean wieder segeln. Ich lerne, dass Gefühle mir dienen und mich nicht beherrschen.

Durch die AsB-Seminare habe ich einige Freundschaften mit Menschen gefunden, mit denen ich ganz offen reden kann, was ich als Ozean-Seele empfinde. Ich brauche das auch als einen wertvollen persönlichen Spiegel, der eine gewaltige Lebensqualität in mein Dasein bringt. Heute schmunzle ich dankbar darüber, wenn jemand von Bergsee- oder Ozean-Seelen spricht. Da weiß ich, sie haben wohl auch einen so wertvollen Schatz wie ich entdeckt."

Renette Hofmann, ehem. Pfarramtssekretärin
und AsB-Mitarbeiterin, Karlsbad-Langensteinbach

Selbstliebe und Selbstverleugnung

Durch ein falsches Gottesbild, durch falsche religiöse Lehre und durch falsche Bibelauslegungen kann der Weg in die Selbstzweifel sogar verstärkt werden. Manch einer ermutigt den, der sich selbst verachtet noch dabei, so dass der Betreffende meint, es sei geistlich und religiös lobenswert, sich selbst zu verachten. Und er wird das Wort, dass man „sich selbst verleugnen soll" sogar als Werkzeug missbrauchen, auch wenn dies unbewusst geschieht, um tatsächlich eine psychopathologische Richtung zu unterstützen.

Tatsächlich wirft dieses Thema auch Fragen auf wie: Was ist überhaupt Liebe? Wie kann ich mich und den anderen richtig lieben? Was soll ich lieben, was hassen, was verleugnen?"

Hier ist es wichtig, klar zu differenzieren. Wir müssen uns zuerst verdeutlichen, was „lieben" überhaupt bedeutet:

„Lieben heißt, die wahren Bedürfnisse des anderen erforschen und zu stillen suchen."[12]

Der Schwerpunkt liegt auf den **wahren** Bedürfnissen! – Nicht auf irgendwelchen Wünschen, Launen oder fehlgeleiteten Ansprüchen.

Nur wenn ich die wahren Bedürfnisse eines anderen Menschen berühre und treffe, wird er dies als Liebe empfinden und werten können. Wenn ich ihm dagegen Bedürfnisse stille, die er gar nicht hat, dann stehe ich in der Gefahr der Zwangsbeglückung oder Fehlbefriedigung. Es geht nicht in erster Linie darum, dass ich es „gut meine", sondern, dass ich zuerst erforsche, welches die wirklichen und wahren Bedürfnisse eines anderen Menschen sind.

Egoismus oder Ichsucht dagegen ist der Versuch, die falschen, pervertierten, verzerrten und unwahren Bedürfnisse zu stillen. Es sind eigene, fehlinterpretierte und fehlgeleitete Sehnsüchte, die dem anderen Menschen letztlich schaden.

Ähnlich verhält es sich auch bei der Selbstliebe:
Sich selbst zu lieben heißt, die wahren Bedürfnisse zu erforschen, die Gott selbst in mein Herz gelegt hat!

Diese Art von Selbstliebe und dieses Erforschen widersprechen nie den Gedanken Gottes. Aus biblischer Sicht hat Gott, der Schöpfer, die wahren Bedürfnisse dem Menschen selbst ins Herz gelegt.

Diese wahren Bedürfnisse helfen dem Menschen auf dem Weg zur Erfüllung, zur Gemeinschaft mit Gott und zur Reifung hin zu der Persönlichkeit, wie Gott sie sich gedacht hat. Daher stehen die wahren Bedürfnisse nicht im Gegensatz zu den Gedanken Gottes – vielleicht aber im Gegensatz zu den vielen falschen Gottesbildern, die uns fehlgeprägt haben... (vgl. auch das spätere Kapitel über Vaterbilder).

„Habe deine Lust am Herrn, er wird dir geben, was dein Herz wünscht." (Ps 37,4 LUT)

Daraus schließe ich: Die fehlgeleiteten, unwahren und pervertierten Bedürfnisse soll ich verleugnen. Wenn das aus meiner eigenen Seele kommt, dann soll ich diesen Aspekt meiner Seele (z.B. den Umgang mit den „Schattenseiten", worauf später noch einzugehen ist) ablehnen bzw. verleugnen.
„Nein, diese Wünsche tun mir nicht gut."
Dieses Eigenleben, das unwahren Bedürfnissen nachjagt, ja, das soll ich hassen, aber nicht die ursprüngliche Kreation meines Gottes, nämlich das Original – „meine Ozean-Seele".

Selbstverständlich brauche ich es nicht zu mögen, wenn beispielsweise bei einem Tsunami eine ganze Küste in Mitleidenschaft gezogen wird. Nur die Existenz des Ozeans soll ich annehmen, nicht seine negativen Auswirkungen – und soll mich damit versöhnen; dann werden Selbstverachtung und Selbstablehnung abnehmen. Nicht zuletzt, weil sie als ozeanisch verstanden werden und alles, was „benannt" ist, verliert an Macht und kann eingeordnet und besser beherrscht werden.

Der gläubige Ozeantypus will gerne mit Gottes Hilfe die Stürme umgehen statt durch diese zu segeln. Und deshalb kommt da immer einmal das Gebet: „Ach Herr, mein Gott, halte doch diese schlimmen Stürme aus meinem Leben fern." Ein Gebet, das selten erhört wird. Das ist ja klar. Gott denkt sich dabei: Die Stürme sind nicht das Problem. Das Problem ist, dass das Segelboot immer umkippt. Aber im Sturm zu segeln ist eigentlich eine Freude, allerdings nur für die, die es können. Wenn Windstille herrscht, macht das keinen Spaß. Also ist nicht der Sturm das Problem, sondern die Unfähigkeit, darin zu segeln. Deshalb erfüllt uns Gott unseren Wunsch nicht, sonst lernen wir nie zu segeln!

Sind wir grundsätzlich doch mal dankbar, dass unser Schöpfer uns als Ozean-Seelen kreiert hat!

Entdecken wir unsere schönen Korallenriffe und alles, was es da sonst noch zu erforschen gibt. Erweitern wir unseren Horizont, denn ein riesiges Potential liegt in uns.

Salome, die inzwischen auch ganzheitlich seelsorgliche Begleiterin und Referentin ist, schreibt über ihre Erfahrung:

„Die Erkenntnis, dass ich eine Ozean-Seele bin, war ohne Zweifel bahnbrechend für mein Leben.
Zuvor war mein Seelenleben oft geplagt von Selbstzweifeln. Schon als Kind habe ich gemerkt, dass ich anders bin. Ich dachte, dass etwas mit mir nicht stimmt, obwohl ich in einer liebevollen Familie aufgewachsen bin. Mit dem Älterwerden kamen immer mehr die eigene Vernunft und der Anspruch dazu, wie ich doch sein sollte.

Die Schere zwischen dem, wie ich mich zu verhalten hätte und was mein gefühlvolles, chaotisches Innenleben sagt, ging weit auseinander. Ich stellte mich immer wieder in Frage und ging folglich auch lieblos mit meiner eigenen Seele um.

Zu merken, dass ich eine Ozean-Seele bin, war unendlich erleichternd und wertvoll für mich. Die Tatsache, dass ich mit einer enormen Gefühlswelt lebe, war nicht länger eine Last oder Bedrohung. Ich durfte lernen, mein "waschmaschinenartiges Innenleben" als Geschenk meines Schöpfers anzunehmen und liebevoll damit umzugehen. Das Bild des Ozeans hat mitten in meine Seele gesprochen. Endlich konnte ich erfassen, wie Gott meine wunderbare Seele erschaffen hat.

Seither kann ich viel liebevoller und barmherziger mit mir selber umgehen. Dadurch wächst auch die Liebe für meine Mitmenschen. Ich muss nicht immer alles erfassen und verstehen können. Meine Gefühle sind nicht länger nur eine Bedrohung, sondern ich lerne immer mehr, gesund mit ihnen umzugehen und sie auch mal aushalten zu können. Dadurch werde ich souveräner und kann befreit leben. Ich bin Gott so dankbar und immer mehr fasziniert von seiner Schöpfung meiner und anderer Seelen. Das Geheimnis der Ozean-Seelen zu entdecken bringt tiefe Veränderung und darf zu einem gottgeplanten, freieren Leben führen."

Salome Bossard, Erzieherin, Kt. Bern

In manchen christlichen Kreisen herrscht die Meinung, man dürfe sich selbst nicht lieben – meist ist der Grund dieses Fehlglaubens einfach die falsche Definition von „lieben", so wie wir es oben betrachtet haben.

Jesus Christus gibt uns übrigens selbst einen guten „Erkennungsmaßstab": *„An ihren Früchten sollt ihr sie erkennen. Kann man denn Trauben lesen von den Dornen oder Feigen von den Disteln?" (Mt. 7,16 LUT)*

Wer also lernt, das, was Gott selbst geschaffen und in ihn hineingelegt hat, zu mögen; wer die **wahren** Bedürfnisse seines Herzen (und diese harmonieren immer mit dem Willen Gottes) ernst nimmt, wer sie gern hat und wertschätzt, der lernt auch zunehmend, andere wertzuschätzen, zu lieben und ernst zu nehmen.

Nur bei dem Menschen, dessen „Liebes-Tank" gefüllt ist, kann auch Liebe zu anderen überfließen. Selbstverständlich handelt es sich bei Christen nur um eine gesunde und damit Gott wohlgefällige Selbstliebe.

Im Bild gesprochen: Der „Stausee" der Seele wird primär gefüllt von Gottes übernatürlicher Liebe (griechisch: Agape). Dazu kommt der Zufluss der gesunden Selbstliebe (griechisch: philos). Wir behandeln uns selbst wie unseren besten Freund – und nicht wie den schlimmsten Feind, wie es manche unter pseudobiblischer Anleitung tun.

Dann kann dieser Stausee „holoklerischer Liebe" überfließen zu anderen. („Holoklerische Liebe" = auf der Basis des „holokleros", das wir bereits definiert haben, werden **wahre** Bedürfnisse, die Gott in uns hineingelegt hat, gestillt.)
Man kann sich dann um andere kümmern, ohne dabei auszubrennen. Man kann von einem wertvollen Überfluss abgeben.

„Hier wird leider auch die Grenze zur Co-Abhängigkeit oft überschritten. Die Ozean-Seele verliert sich ganz in den Bedürfnissen des anderen, brennt jedoch selbst aus, weil dabei ihre eigenen wahren Bedürfnisse auf der Strecke bleiben."[13]

Im Folgenden zitiere ich mehrfach den Psychotherapeuten Rolf Merkle.

„Wenn wir gering von uns denken, dann versuchen wir vielleicht sehr stark, dem anderen zu gefallen, und tun Vieles nur, um ihn nicht zu verlieren und von ihm geliebt zu werden. Honoriert der andere unsere Bemühungen nicht (ausreichend), dann fühlen wir uns ausgenutzt, ärgern uns über unsere Blödheit, dass wir dem andern so viel geben, ärgern uns über den Partner, dass er unseren Einsatz so wenig honoriert und wir von ihm so wenig zurückbekommen.
Menschen mit einer geringen Selbstachtung neigen dazu, sich emotional und körperlich missbrauchen zu lassen. Wenn man sich für wertlos hält, dann denkt man, man habe es verdient, schlecht behandelt zu werden."[14]
Welche „Früchte" entdecken wir dabei?

„Wenn wir uns selbst nicht mögen, dann sind wir auch nicht in der Lage, unsere Mitmenschen zu lieben. Warum ist das so? Wenn wir uns selbst ablehnen, dann fühlen wir uns unausgefüllt und leer. Wir (miss)brauchen dann andere, damit diese uns das Gefühl geben, liebenswert, wertvoll und wichtig zu sein. … Wenn wir uns selbst nicht mögen, dann sind wir im Grunde genommen an dem anderen und seiner Einzigartigkeit überhaupt nicht richtig interessiert. Wir interessieren uns dann nur dafür, was dieser uns geben kann, nämlich Wertschätzung und das Gefühl, liebenswert zu sein.

Wir lieben den anderen also nicht um seiner selbst willen, sondern nur um seiner Liebe und Wertschätzung willen. ... Die Sucht nach Bestätigung ist nichts anderes als Ausdruck einer geringen Selbstachtung und Selbstliebe."[15]

Und die Angst, diese Bestätigung zu verlieren „führt dann zwangsläufig zu Selbstaufopferung, Selbstaufgabe und zu einer starken Abhängigkeit von anderen."[16]

So müssen wir manch „vorbildliches, selbstaufopferndes" Verhalten tatsächlich hinterfragen, ob es von jener Liebe gespeist ist, von der Jesus Christus spricht.

Und manchmal erfassen wir es auch intuitiv: „Bei allem, was wir tun, sind wir dann nur darauf bedacht, dass wir gut ankommen? Wir sind dann stets mit uns beschäftigt, versuchen für andere interessant zu sein, und das verhindert die Hinwendung zum anderen."[17]

Wir kommen später zu den entsprechenden Lösungen.

Verletzungen und Urwunden
– Ursache für „Vulkanausbrüche"

Hier muss man wissen, dass bei der Ozean-Seele seelische Verletzungen besonders tiefgehen.
Ich vergleiche die Verletzungen mit Stacheln, die in unsere Seele gedrückt werden. Verletzungsarbeit bedeutet hier: Die Stacheln müssen entfernt, die Verletzungen müssen an den richtigen Ort weitergegeben und die Lebenslügen entlarvt werden.

Oftmals hört man: „Ach, bist du empfindlich!"; „Bist du ein Sensibelchen!"; „Lass dir von Gott doch eine Elefantenhaut geben – so wie andere sie haben." Aber das geht nicht. Eine Ozean-Seele hat keine Elefantenhaut. Jede Verletzung geht tief, tiefer als bei anderen Seelenstruktur-Typen.

Was können solche Verletzungen oder „Stacheln" sein?

Verletzungen durch andere Menschen
– in aktiver Weise

Zum Beispiel: Beschämungen, Entwürdigungen; abgelehnt oder missverstanden, verraten oder verlassen werden, Überforderungen (vor allem in der Kindheit) und vieles andere mehr.

Bei zerbrochenen Freundschaften oder Ehen geht es nie ohne solch aktive Verletzungen ab. Aber auch in Gemeinden, wo Prinzipien geistlichen Missbrauchs herrschen, geschehen zahlreiche aktive Verletzungen (z. B. Grenzüberschreitungen: Wenn Mit-Christen in den persönlichen Gestaltungsbereich eingreifen, beginnt „geistlicher Missbrauch".)

Gerade geistlicher Missbrauch hat bei Ozean-Seelen schwere Folgen, weil die damit zusammenhängenden Lügenbotschaften und das verzerrte Gottesbild die Seele völlig fehlprägen und das Empfinden Gott gegenüber pervertiert wird.

Oftmals ist die seelische Folge: „Ich will mich nie mehr öffnen und mich jemandem anvertrauen" als Schutzmechanismus vor weiterem Schmerz.

Verletzungen durch andere Menschen – in passiver Weise

Das heißt: Mangel an Liebe, Zuwendung und Aufmerksamkeit beim Heranwachsen. Da kommt beispielsweise ein Teenager-Mädchen in die Pubertät. Es möchte so gern erleben, dass sich der Arm ihres Vaters um ihre Schulter legt und er zu ihr sagt: „Ich bin so stolz auf dich, meine Prinzessin!" Manche erleben dies nie – das ist eine passive Verletzung der Seele.

Oder ein Kind bekommt zu wenig ehrliche Aufmerksamkeit. Oder die Eltern haben zu wenig Zeit. Sie versorgen zwar ihre Kinder, sind aber für deren seelische Bedürfnisse zu wenig greifbar.

Die Seele wird von der Lügenbotschaft geprägt: Ich bin nicht wertvoll; ich bin nicht wichtig und liebenswürdig; ich bin nicht okay...

Oftmals ist die seelische Folge: Ich gehe jetzt genauso mit meiner inneren Persönlichkeit um, wie man mit mir umgegangen ist.
Die Antwort, die sich unser kindliches Inneres gibt, lautet: „Ich bin sicherlich falsch, böse, schlecht und unwichtig... – jedenfalls nicht liebenswürdig!"

Körperliche Intimität (Geschlechtsvereinigung) ohne seelische Intimität lässt eine schmerzhafte seelische Leere entstehen, was zu seelischem Schmerz führt.

Die mögliche Folge: Entweder man schottet sich ab oder sucht sehnsüchtig und krampfhaft nach weiteren Beziehungserlebnissen in der Hoffnung, diesmal werden meine wahren Bedürfnisse nach seelischer Intimität gestillt.

Jede Verletzung hat eine Lügenbotschaft im Rucksack.
Zum Beispiel: „Aus dir wird nie etwas."
Oder: „Du bist böse, unwichtig und uninteressant."
Oder: „Du bist nicht liebenswürdig und hast auch keine Liebe verdient."
Oder: „Du bist nur geschätzt, wenn du Leistung erbringst."

Deshalb benötigen Ozean-Seelen bei erlittenen seelischen Verletzungen unbedingt ganzheitliche Verletzungsarbeit. Dazu mehr unter dem Kapitel „Lösungswege".

Schattenseiten („sarx")
– Ursache für „giftige Quallen"

„Es gibt Themen, über die rede ich nicht einmal mit mir selbst." Das sagte ein Mann, der mit den Schattenseiten seiner Persönlichkeit konfrontiert wurde.

Biblische Grundlage

Paulus schreibt im Römerbrief: *„Denn ich weiß, dass in mir, das ist in meinem Fleische (griechisch: sarx), nichts Gutes wohnt."* *(Röm 7,18 LUT)*

Das sind klare und deutliche Worte: nichts Gutes! Da gibt es also ein Prinzip in uns, das schlicht und einfach verdorben ist – zu „jeder Schandtat fähig"…

Diese Schattenseite in uns hat regelrecht Lust, sich gegen die Anweisungen Gottes zu stellen und dagegen zu rebellieren: *„weil die Gesinnung des Fleisches Feindschaft gegen Gott ist, denn sie ist dem Gesetz Gottes nicht untertan, denn sie kann das auch nicht."* *(Röm 8,7 ELB)*

Und in Gal 5,17 wird deutlich betont: *„Denn das Fleisch begehrt gegen den Geist auf, der Geist aber gegen das Fleisch; denn diese sind einander entgegengesetzt, damit ihr nicht das tut, was ihr wollt."* *(ELB)*

Vertraut nun ein Mensch sein Leben Jesus Christus an und lässt ihn vertrauensvoll den „neuen Chef" in seinem

Leben sein; nimmt dieser Mensch das im Glauben in Anspruch, was Jesus für ihn am Kreuz von Golgatha vollbracht und erwirkt hat, wird diese Person geistlich gesehen zu einer „neuen Kreatur": *„Ist jemand in Christus, so ist er eine neue Kreatur; das Alte ist vergangen, siehe, ein Neues ist geworden."* *(2. Kor. 5,17 SLT)*

Das Neue, das ein Mensch in seinem Leben braucht, ist Christi Geist: *„Ihr aber seid nicht fleischlich, sondern geistlich, da ja Gottes Geist in euch wohnt. Wer aber Christi Geist nicht hat, der ist nicht sein."* *(Röm 8,9 SLT)*

Der erlöste Mensch ist nach Röm 8,12 *„dem Fleische nicht mehr schuldig, nach dem Fleische zu leben."*

Das „Fleisch / sarx" jedoch „bekehrt" sich nicht!

Ein Christ kämpft auf verlorenem Posten und wird laufend Enttäuschungen erleben, wenn er auf die „Bekehrung" seines Fleisches (sarx) hofft.

Jeder Radfahrer weiß, dass der hinderliche Gegenwind nicht aus dem Weg geräumt wird, indem man ihm gehörig die Meinung sagt und verlangt, er solle heute ruhen. Genausowenig können wir unserem „Fleisch" eine Standpauke halten, um es dadurch zu ändern oder zum Schweigen zu bringen.

Auch Jakobus erwähnt mit aller Selbstverständlichkeit die Tatsache, dass in uns das Prinzip „sarx" vorhanden ist:

„Ein jeder wird versucht, wenn er von seiner eigenen Begierde gereizt und gelockt wird." (Jak 1,14 SLT)

„Woher kommen Kriege, und woher kommen Streitigkeiten unter euch? Kommen sie nicht von den Lüsten, die in euren Gliedern streiten?" (Jak 4,1)

Viele Christen meinen, ihr Kampf müsse das sündhafte Fleisch im Visier haben und erwarten somit immer noch, dass sich ihr Fleisch im Laufe der Zeit ebenfalls „bekehren" werde. Das ist ein großer Trugschluss mit schwerwiegenden Auswirkungen, denn das sündhafte Fleisch (sarx) kann sich nicht „bekehren" (es mag höchstens zeitweise so scheinen, „als ob…").

In Gal 5,16 heißt es nicht: „Wandelt im Geist, so werden die Lüste des Fleisches verschwinden", sondern:

„Wandelt im Geist, so werdet ihr die Lüste des Fleisches nicht vollbringen!"

Das setzt tatsächlich das Vorhandensein des Fleisches (sarx) voraus!

Falscher Umgang mit dem „sarx"

1. Bloßes Akzeptieren – kann zur Versklavung führen

„Wisset ihr nicht: Wem ihr euch als Knechte hingebet, ihm zu gehorchen, dessen Knecht seid ihr und müsst ihm gehorchen." (Röm 6,16 ELB)

Darüber wird oft – richtigerweise – gelehrt und davor gewarnt: „Mein Opa war schon jähzornig und mein Vater war auch jähzornig, da sind die Tassen geflogen, wenn er sich geärgert hat. Ich bin halt so..." Das bedeutet „bloßes Akzeptieren".
Oder: „Mein Vater hat beim Roulette schon Tausende verspielt. Ich bin halt so..."
Da gibt man sich als Knecht oder Abhängiger hin und wird durch die entsprechende Prägung versklavt. „Ich bin halt so..."
Das kann kein fruchtbringender, effektiver Umgang mit dem sarx sein...

2. Bloße Wahrnehmung
a) kann zur Resignation führen

Den Briefauszug von Regina haben wir schon betrachtet. Die Folge bei ihr war: Resignation. Sie hatte nur ihr „sarx" wahrgenommen...

Ein weiterer Briefauszug von Wolfgang: „Wenn die anderen wüssten, mit welchen Anfechtungen, Gedanken und Gefühlsregungen ich immer noch zu kämpfen habe – die würden die Hände über dem Kopf zusammenschlagen...
O ja, ich nehme die Regungen meines Fleisches sehr wohl wahr – und bin entsetzt darüber! Das darf doch nicht wahr sein! Nach so langer Zeit des Christseins: immer noch solche Anfechtungen und Versuchungen! Was bleibt mir anderes übrig, als mich zu verstecken?! Ich

habe Angst davor, abgelehnt zu werden. Meine Glaubensbrüder und -schwestern halten mich für einen reifen, vorbildlichen Christen. Ich stehe im aktiven christlichen Dienst. Aber ich fürchte mich davor, dass die anderen irgendwann mal merken, was wirklich in mir los ist..."
(Wolfgang Schneider)

Bloße Wahrnehmung kann zur Resignation führen. Die Leiterin eines Hauskreises gestand mir: „Ich merke, wie ich so sehr danach trachte, im Mittelpunkt zu stehen; bei anderen anzukommen. Das ist doch der Ausdruck des „sarx", nicht wahr?!"
Ja, schon, aber die bloße Wahrnehmung lässt einen frustriert zurück.
„Ich gebe zu", sagte mir ein junger Pastor, „ich habe so viele unreine Gedanken. Ich kann den Predigtdienst nicht mehr ausführen..."
Er war am Resignieren, weil er die Regungen seines „sarx" so sehr wahrnahm und sich darin gefangen fühlte.

b) kann zu Vertraulichkeitsängsten führen

Hier geht es um seelische Intimität. Um vertraut sein (intim sein bedeutet vertraut sein), um eine total offene Seele, die einfach „sein darf". So, wie sie eben ist. Ohne Angst vor Beschämung haben zu müssen.

Wir kennen das: Wir haben gute Gemeinschaft und offenen Austausch bis zu einem gewissen Punkt, und dann merken wir: „Bis hierher und nicht weiter..."! Was steckt dahinter? Bildlich gesprochen, der Gedanke:

„Wenn der andere wüsste, mit welchen Anfechtungen und Versuchungen ich zu kämpfen habe – er würde ja die Hände über dem Kopf zusammenschlagen…!" Deshalb: „Bis hierher und nicht weiter". Die Vertrautheit wird in ihrer tiefgehenden Entwicklung gestoppt. Ja, es können sich sogar Vertraulichkeitsängste entwickeln: Die anderen dürfen mich keinesfalls tiefer kennenlernen. Sie wären schockiert und entsetzt.

Das ist einer der Gründe, warum es so wenige existenzielle Freundschaften, tiefe Beziehungen, in denen beide ihre Seelen einander öffnen und sich „ganz zeigen", tiefgehende ganzheitliche Seelsorge und erlebtes ganzheitliches Angenommensein gibt.
Also kann die bloße Wahrnehmung auch kein fruchtbringender, effektiver Umgang mit dem „sarx" sein…

3. Verdrängung
a) kann zu Selbstbetrug führen

„… und so schließt er messerscharf: dass nicht sein kann, was nicht sein darf…" [18]

Die neue Gesinnung eines Christen hat kein Verlangen nach den „Werken des Fleisches" (vgl. 2 Kor 5,17) – das „sarx" des Christen dagegen schon!

Die geistliche Gesinnung des Christen verabscheut die Werke des Fleisches (Röm 7,22), denn man hat das Fleisch *„gekreuzigt samt den Leidenschaften und Begierden" (Gal 5,24 LUT)* – das Fleisch selbst wurde dadurch aber nicht neu!

Darum nennt es die Bibel Selbstbetrug, wenn jemand behauptet, er habe keine Schuld; wenn jemand so tut, als hätte auch sein „Fleisch" eine neue, edle, geistliche Gesinnung bekommen: *„Wenn wir sagen, wir haben keine Sünde, so verführen wir uns selbst, und die Wahrheit ist nicht in uns... Wenn wir sagen, wir haben nicht gesündigt, so machen wir ihn (Gott) zum Lügner, und sein Wort ist nicht in uns." (1 Joh 1,8.10 SLT)*

Verdrängungen wirken wie eine Zeitbombe oder wie ein faulender Apfel im Obstkeller. Die Fäulnis greift immer mehr um sich, bis sie das gesamte Obst ungenießbar gemacht hat.

Bei der „faulen Frucht" des Realitätsverlustes wird man unehrlich – auch sich selbst gegenüber. Man glaubt an eigene edle Motive, glaubt an das, was man sich selbst einredet und meint, man sei geistlich absolut „rein"...

So merkt man mit der Zeit gar nicht mehr, was im persönlichen christlichen Dienst an undurchsichtigen Motiven vorhanden ist: Man jagt nach menschlicher Ehre, ohne es zu merken; fühlt sich als selbstloser Seelsorger, ohne den Hang zur Selbstbestätigung und Selbstbeweihräucherung noch wahrzunehmen. Ja, man handelt hart und lieblos, also völlig gegen Gottes Wort und bildet sich ein, dies sei immer noch dem Willen Gottes entsprechend; man maßt sich Urteile an, die der eigenen, subjektiven Überzeugung entspringen und glaubt, diese Urteile (oder Verurteilungen) seien unumstößlich und absolut identisch mit der „Meinung Gottes"...

Bald fühlt man sich als „besonderer Diener" Gottes mit ebenso besonderer Erkenntnis und begnadetem Dienst – man braucht sich selbst gar nicht mehr zu hinterfragen.

Ja, man erwartet sogar, dass einem andere Christen mit besonderem Respekt begegnen und alles glauben, was man selbst glaubt und lehrt. Solche armen, verblendeten Christen gab es schon zur Zeit des Apostels Paulus, der über die Menschen in dieser frommen Scheinwelt schreibt: *„…die haben einen Schein von Weisheit in selbst gewähltem Gottesdienst und Leibeskasteiung, was jedoch wertlos ist und nur zur Befriedigung des Fleisches dient."* (Kol 2,23 SLT)

b) kann zu Realitätsflucht führen

Wir fragen uns vielleicht, was es da überhaupt groß zu verdrängen gibt? Soll ich mal zitieren, was es zu verdrängen gibt? Der Apostel Paulus schreibt uns wie diese Biographie aussieht. Ganz offen und ehrlich: *„Offenbar sind aber die Werke des Fleisches, welche sind: Ehebruch, Unzucht, Uneinigkeit, Ausschweifungen, Götzendienst, Zauberei, Feindschaft, Eifersucht, Zank, Ehrgeiz, Zwietracht, Spaltungen, Neid, Mord, Trunkenheit, Gelage und dergleichen."* (Gal. 5, 19 ELB)

Jetzt kennen wir ganz konkret die Schattenseite eines jeden von uns, denn das ist die Biographie des „sarx" eines Menschen. Da ist anlagemäßig jede Schandtat vorhanden.

Der Kirchenvater Augustinus sagte einmal sinngemäß, dass er zu jeder Schandtat fähig sei, wenn Gott ihn nicht festhalten würde[19]. Er hatte sich seinen Schattenseiten gestellt. Unser „sarx" ist zu allem fähig!

Ich muss zugeben, als ich diese Verse vor vielen Jahren gründlich studierte, konnte ich mich zwar mit dem meisten identifizieren, aber ich stolperte über „Mord". Also ehrlich: Auch bevor ich bekennender Christ wurde, war ich eher ein sanftmütiger Mensch. Mordgelüste – das passte nicht zu mir.

In jener Zeit lebten wir in der Schweiz in einem Mehrfamilienhaus, und der Besitzer des Hauses lebte direkt über uns. Wir hatten vier Kinder, die sehr lebendig waren. Manchmal klingelte der Hausbesitzer an der Wohnungstür und forderte: „Ihre Kinder haben wieder den Klodeckel zu laut runterfallen lassen! Sie sollen doch bitte sorgfältiger auf das Inventar aufpassen." Dann merkte ich plötzlich, wie der Hausbesitzer meine Kinder „mobbte" – er verdarb ihnen das Spielen ums Haus herum...

Wissen Sie, welche Gefühle bei mir entstanden? Den Hausbesitzer hätte ich am liebsten erwürgen wollen, damit meine Kinder besser vor ihm geschützt sind. Natürlich machen wir das als Christen nicht. Vielleicht betet man dann eher: „Ach Herr, dieser Mann ist schon so alt. Wenn er sich nicht zu dir bekehrt, dann kannst du ihn endlich mal abberufen..."

Ja, solche Gedanken kamen mir: Am besten wäre es, wenn er nicht mehr da wäre, einfach nicht mehr aufwachen würde. Diese Gedanken, jemanden aus dem Weg schaffen, eliminieren zu wollen, sind eine Facette von Mord, auch wenn dieser nicht in einer Handlung ausgeführt wird.

Und plötzlich wurde mir klar, dass in mir auch alles Böse, das uns in der Biographie des „sarx" aus Gal. 5, 19 aufgezeigt wird, steckt. Dass all diese Dinge, die ich eben zitiert habe, auch anlagemäßig in mir stecken, war eine ganz neue Erkenntnis.

Das Problem ist nur, dass wir Christen den Drang haben, die einzelnen Werke des „sarx" zu katalogisieren. Die Sünden zu unterscheiden. Lassen Sie es mich einmal so sagen: sie einzuteilen in salonfähige Sünden und nicht salonfähige Sünden. Einige der Sünden, die ich aus Gal. 5, 19 zitierte, sind eben nicht salonfähige Sünden. Dann gibt es aber wieder ein paar in der Aufzählung, die empfinden wir eher als „salonfähig". Ein bisschen Eifersucht, etwas Neid, etwas Geiz. (Der Schwabe sagt Sparsamkeit dazu. Verstehen Sie mich nicht falsch: Ich mag die Schwaben!)

Die Bibel kennt diese Unterscheidung nicht, aber wir gehen oft diesen Irrweg im Denken und im Empfinden. Deshalb sind es vor allem die nicht salonfähigen Sünden, die peinlichen, die wir sehr gerne verdrängen.

„Und so schließt er messerscharf, dass nicht sein kann, was nicht sein darf." Ich darf doch nicht mehr solche Anfechtungen haben! Ich bin doch schon so viele Jahre gläubiger Christ! Es darf einfach nicht sein.

Und dieses Verdrängen kann aus seelsorglicher Sicht verschiedene Auswirkungen haben, die ich hier nur punktuell erwähnen möchte. (Details dazu im Basis-Seminar „Geheimnisse des Angenommenseins" – siehe Anhang.)

c) kann zu Verlagerungen führen

Verlagerungen auf „gesetzliche Engstirnigkeiten", auf Sonderlehren und Nebensächlichkeiten, um sich ein Thema zu bewahren, bei dem man „darüber steht"...
Dies jedoch erzeugt Realitätsverlust, Intimitätsangst und viele seelsorgliche Fehlinterpretationen.

Diese Selbstbeeinflussung, dieses Sich-selbst-etwas-Einreden ist ein Abwehrmechanismus, der sich sogar zur eigenen Erlebniswelt entwickeln kann, in die man andere einzufügen versucht!

Ein etwas extremes Beispiel zeigt deutlich auf, was „Verlagerungen" sein können:
Eine Frau erzählte mir, wie verletzt sie sei und dass sie nicht mehr in eine bestimmte christliche Gemeinschaft gehen wolle, weil dort der Prediger am vorletzten Sonntag das Wort aus 1. Petrus 3 zitierte, dass es sich für christliche Frauen nicht ziemt (das ungepflegte Innere) zu überdecken mit *„Haare flechten, Goldumhängen und Kleider anlegen"...* Diese neutestamentliche Stelle ist eine Parallelstelle zu Spr. 11,22: *„Eine Frau ohne Anstand gleicht einem Schwein mit einem goldenen Nasenring." (LUT)*

Ich denke, der Kontext ist klar. Doch dieser Prediger nahm diese Begriffe, um seinen Zuhörerinnen entgegenzuschleudern, dass es gegen Gottes Willen sei, Schmuck zu tragen.
Beschämend für alle Frauen, die da zuhörten und gerade Schmuck trugen (der normalerweise die innere Schönheit, die Gott diesen weiblichen Wesen verliehen hat, zu

110

unterstreichen versucht). Und der Prediger verlangte, dass in „seinem Gottesdienst" keine Frau mehr Schmuck tragen darf.

Warum war das eine „Verlagerung"? Könnte es sich hier nicht einfach um eine „andere biblische Sicht" dieses Predigers handeln? Möglicherweise. (Abgesehen davon, dass die Exegese überhaupt nicht schlüssig wäre – so hat er ja auch das „Kleideranlegen" nicht mehr erwähnt, das müsste ja nach seiner Auslegung ebenfalls verboten sein…) Aber ich lernte ihn dann kennen – und auch seine persönlichen Probleme.

Es gab fast keinen Lebensbereich, in dem er nicht unter Zwängen, Süchten und Niederlagen litt. Darüber konnte er nicht reden. Sein „sarx" hatte er verdrängt. Doch seine Schattenseite (sehr zum Ausdruck kommend durch seine schon sprichwörtliche Lieblosigkeit, die ja überhaupt nicht zu einem Christen passte) hielt ihn völlig in den Klauen.

Da hatte er endlich ein Thema entdeckt, bei dem er brillieren konnte: wie sich die Frauen kleiden, wie sie sich verhalten, ob sie Schmuck tragen oder nicht tragen sollen. Da konnte dieser Prediger dann seinen „frommen Amboss" hervorholen und mit seinem „pseudogeistlichen Hammer" drauf herum hauen, dass die Funken flogen. Beeindruckend! Welch ein Verdrängungsmechanismus!
Das verschaffte ihm eine gewisse Befriedigung und geistliche Überlegenheit – die aber *„freilich einen*

Schein von Weisheit haben in selbstgewähltem Gottes-
dienst ... und doch wertlos sind und zur Befriedigung des
Fleisches dienen." (Kol. 2,23 LUT)

Ich gebe zu, dass ich in meinem Leben auch viele Anfechtungen und Versuchungen, auch Niederlagen erlebt
habe und erlebe. Doch ich war noch nie versucht, mir
Schmuck umzuhängen. Da könnte ich mich jetzt auf eine
Kanzel stellen und darüber predigen – bei diesem Thema
könnte ich mich total sicher und überlegen fühlen. Es
würde zu meinem Lieblingsthema werden, weil ich da
den konsequenten, knallharten, „bibelnahen" Glaubens-
bruder spielen könnte... Sie verstehen, was ich meine? –
Ausführlich habe ich dieses Thema im Seminar „Geheimnisse des Angenommenseins" erläutert (siehe Anhang).

Die „vereiste" Ozean-Seele

Oftmals ist die vereiste Ozean-Seele schwer zu erkennen. Sie lebt wie ein künstlich angelegter Gartenteich,
obwohl in ihr viel „ozeanische" Tiefe vorhanden ist. Dafür kann es verschiedene Ursachen geben (Multikausali-
tät). Oftmals durften die jungen Ozean-Seelen nicht ihrem Typus entsprechend aufwachsen. Sie mussten – wie
ein „Gartenteich" – ein angepasstes Leben führen und
sich „verbiegen".

Die kindliche Person hatte zwar andere Bedürfnisse,
aber Eltern, Geschwister, Lehrer oder eine christliche
Gemeinschaft vermittelte ihr, dass dies „nicht richtig"
sei. So etwas „tut man nicht, fühlt man nicht, denkt man

nicht" – die Grundpersönlichkeit wird verbogen, und das betroffene Kind versucht, wie ein Bergsee zu funktionieren.

Wie sich diese Fehlprägungen auf die Persönlichkeitsentwicklung auswirken können, zeigt folgendes Beispiel:
Friedrich, ein junger Mann von der Schwäbischen Alb, litt immer mehr an innerer Zerrissenheit, Selbst-Ablehnung und Erschöpfungs-Depressionen, weil ihm sein Leben seelisch zu anstrengend erschien. Er war genötigt worden, den Bauernhof seiner Eltern zu übernehmen und seine sozialen Kontakte verstärkten diese Überzeugung, soll er doch mit dieser beruflichen Möglichkeit zufrieden sein.

Ein alter schwäbischer Schlager lautet ja auch:
„Ein Häuschen mit Garten, ganz klein aber fein
– was braucht es noch mehr, um glücklich zu sein?!"
Der Prototyp eines Bergsees würde sagen: nichts! Eine Ozean-Seele bekommt dagegen innere Beklemmung und kommt sich vor wie ein Adler im goldenen Käfig.
So wurde dem jungen Schwaben, der täglich seine nicht erwünschte Routinearbeit erledigen musste, seine Tätigkeit immer mehr zur Qual. Er war nicht körperlich sondern seelisch überfordert. Erst als er seinen eigenen Weg fand, verbesserten sich auch die Symptome.

Manchmal ist es auch die Angst vor den „ozeanischen Wellen" (Was da alles in mir stecken könnte...?), die dazu führt – natürlich bildlich gesprochen – die wundervolle Ozean-Seele unter einer dicken Eisschicht zu vergraben.

Oder Schmerz und Scham (bei Ozean-Seelen ja besonders tiefgehend) sind die Ursache dafür, ein Stück weit „abgetrennt" zu leben, um dann einfach gut zu „funktionieren" – jedoch leider nicht „zu leben".

Oder Fehldiagnosen führen zu einer Selbst-Pathologisierung (der Betreffende diagnostiziert sich oder Anteile von sich selbst als „krankhaft gestört"), wodurch das bejahende Erforschen der eigenen „ozeanischen Schätze" verhindert wird.

Natürlich kann auch eine Bergsee-Seele „verlanden", weil sie von ihrem Umfeld verbogen wurde.
Ein See „wächst zu". Organisches Material (Wasser- und Sumpfpflanzen) senkt sich ab, der See nimmt stetig mehr den Charakter von „Land" an. Aus einem See kann Sumpfland werden, daraus ein Moor usw. Und irgendwann ist daraus Festland geworden.

Ein bekanntes Beispiel dafür ist der Aralsee, ein Salzsee in Zentralasien, der inzwischen nur noch einen Bruchteil seiner ursprünglichen Größe aufweist – mit gravierenden negativen Folgen für die Umwelt.

Martin beispielsweise wuchs in einer Künstlerfamilie auf. Er litt sehr darunter, weil er einfach keine künstlerisch-musische Begabung hatte. Er arbeitete am liebsten mit seinen Händen. Doch alle Kinder sollten ein Instrument lernen. Die Geschwister taten das sehr gerne und hatten auch sichtbaren Erfolg. Martin hätte dagegen lieber einen Holzbehälter für den Komposthaufen gezimmert.

Wie wichtig ist es doch für Eltern, darauf zu achten, mit welchen Gaben und Talenten – und auch mit welchem seelischen Typus – Gott ihre einzelnen Kinder ausgestattet hat, damit sich jedes Kind so entfalten kann, wie Gott es sich gedacht hat – allen zur Freude.

Die „Wege der Enteisung" finden Sie unter dem nachfolgenden Kapitel „Lösungswege".

Mit ihrem praktischen, persönlichen Bericht, möchte ich Peggy zu Wort kommen lassen:
„Man hatte eine Art Bergsee aus mir gemacht, immer lieb, freundlich und angepasst. Ich habe mich jedoch gewundert, warum es in meinem Inneren so brodelt. Das durfte doch nicht sein! Seit einem Jahr weiß ich, dass ich eine Ozean-Seele bin. Noch vereist, wegen der Selbstverleugnung. Aber ich beginne seitdem, mich selbst sowie meine Seele wahrzunehmen und sie zu verstehen. Die tolle Bildsprache hilft mir sehr dabei. Und mir wird so vieles klar: Ich verspürte schon als Kind eine tiefe Liebe zu den Delfinen, Walen und Unterwasserwelten. Jetzt weiß ich warum: Hier bin ich zu Hause! Die lange Suche nach mir selbst fand somit ein Ende. Ich weiß jetzt, oder ahne zumindest, wer ich bin, denn ich taue langsam auf. Nun, da ich mich gefunden habe, kann ich mich auch auf den Weg zu einer lebendigen Beziehung mit meinem Schöpfer und Vater begeben, meine Verletzungen in Jesu Wunden legen und Vertrauen wagen. Mein Ziel ist es, zu dem zu werden, wie Gott mich geplant hat: eine facettenreiche Pazifikseele."
Peggy Heß, Lehrerin, Erzgebirge

Kapitel 7

Lösungswege

Du herrschest über das ungestüme Meer,
du stillest seine Wellen, wenn sie sich erheben.
Psalm 89,10

Da dieses Buch in erster Linie die Ozean-Seelen vorstellen will, muss auf ausführliche Details bei den Lösungswegen weitgehend verzichtet werden, da diese den Rahmen dieses Buches sprengen würden. Denn so unterschiedlich die einzelnen Ozean-Seelen sind, so unterschiedlich sind auch ihre detaillierten Lösungswege – eine „ganzheitliche Seelsorge" beachtet diese und wirft nicht jede Ozean-Seele in denselben Topf.

Im Basiskurs der ganzheitlichen Seelsorge (nach der AsB – Arbeitsgemeinschaft seelsorglicher Berater) wird dem Facettenreichtum und der Unterschiedlichkeit des Einzelnen Rechnung getragen.

Deshalb verweise ich bei den entsprechenden Themen auf die vertiefenden Basis-Seminare, die als kompletter DVD-Fernkurs oder auch Einzelseminare (DVD mit Seminarheft) beim AsB-Verlag erhältlich sind (s. Seite 236).

Die folgenden Kapitel sollen jedoch Grundprinzipien vorstellen, durch die Sie einen persönlichen, individuellen Lösungsweg gestalten und erleben können!

Grundsätzliches zum Umgang mit der eigenen Ozean-Seele

1. Erkennen Sie, welch ein Geschenk es ist, eine Ozean-Seele zu sein! Der Schöpfer hat keinen Fehler gemacht, als er Sie geplant hat! Sie sind nicht kompliziert, sondern sein facettenreiches Schöpfungswunder.

Lernen Sie Ihren Grundtypus als facettenreiches Schöpfungswunder zu entdecken, das zwar noch nicht erforscht, aber vollumfänglich vorhanden ist.

Das Erkennen (ganzheitliche Erfassen) der eigenen Ozean-Seele soll Ihnen helfen

a) nicht länger an einem verbogenen Selbstbild mit seinen Negativ-Bewertungen festzukleben.
Sie dürfen aus dem Gefängnis ihrer beschränkten Selbstvorstellung heraustreten. Sie sind anders. Sie dürfen anders sein. Sie sollen anders sein! Deshalb sind sie grundsätzlich kein „unnormaler" Typ, sondern ein vom Schöpfer besonders kreiertes und wundervolles Geschöpf, auch wenn Ihnen dies bisher noch nicht derart bewusst wurde.
Als Christ (falls das zutrifft) wissen Sie darüber hinaus: Ihre Identität ergibt sich aus Ihrer Beziehung zu Gott, nicht aus ihrem Typus.
Vom Schöpfer des Alls sind sie geliebt, angenommen, wertgeschätzt und erlöst. Das macht ihre wahre Identität aus, die Struktur ihrer

Ozean-Seele verleiht ihnen dabei noch eine besondere Originalität. Genauso einzigartig ist Ihre Liebesbeziehung zu Gott. Niemand hat eine solche Liebesbeziehung zu Gott wie Sie. Sie sind einzigartig. Auch als Ozeantypus.

b) sich auf eine wundervolle Entdeckungsreise ihres eigenen „Ozeans" zu begeben – voller positiver Erwartungen, welche Schätze und Kostbarkeiten sich dabei noch offenbaren werden.

2. Bewerten Sie die Reaktionen Ihres Umfeldes neu. Lernen Sie verstehen, dass der Grund für Ablehnung, Unverständnis und Irritationen nicht in der Genialität ihres Typus liegt, sondern im zu kurzsichtigen Erfassen Ihrer Persönlichkeit durch Andere – oder bisher auch durch Sie selbst!
Sie sind nicht kompliziert, sondern facettenreich!

In einer christlichen Gemeinde, in der ich selbst einmal mitarbeitete, warf mir ein Gemeindeleiter vor: „Walter, du bist einfach nicht zu erfassen!"

Dementsprechend fielen seine Urteile über mich aus. Er war zutiefst davon überzeugt, dass mit mir grundlegend etwas nicht stimmen kann. Einfach deshalb, weil es ihm nicht möglich war, meine Ozean-Seele auch nur annähernd zu erfassen.

C. S. Lewis, der gläubig gewordene englische Oxford Professor, gebrauchte zu diesem Problem ein für mich sehr ermutigendes Beispiel:

In einer Galerie hängt das eindrückliche Bild eines Künstlers. Nehmen wir einmal an, das Bild „Caféterrasse am Abend" von Vincent van Gogh.

Zwei Besucher stehen davor. Der erste verweilt schon lange Minuten. Tränen der Rührung laufen über seine Wangen. Der zweite Betrachter bohrt gelangweilt in der Nase...

C. S. Lewis frägt nun: „Was sagt die Reaktion des zweiten Betrachters über den Wert und die Schönheit des Gemäldes aus?"

Nichts! Er hat einfach keinen Zugang zu diesem Bild.

Also sagt seine Reaktion etwas über ihn aus, aber nicht über die Großartigkeit des Gemäldes.

Ich habe das Bild „Caféterrasse am Abend" in meinem Büro hängen (natürlich nicht das Original) und staune immer wieder über die Stimmung, die dieses geniale Gemälde erzeugt.

Würde nun ein Büro-Besucher kritisieren: „Was ist denn das für ein Maler! Der bringt es nicht einmal fertig, die Personen deutlich zu zeichnen...!" Dann wäre das ein deutlicher Hinweis darauf, dass er die Ganzheitlichkeit des Gemäldes nicht erfasst. Das Gemälde selbst bleibt dadurch aber unangetastet genial.

So ist es auch bei Ihnen: Es gibt Menschen, die Ihre Ozean-Seele nicht im Entferntesten erfassen können. Dies ist aber deren Problem, nicht das Ihrige! Ihre Persönlichkeit bleibt dadurch unangetastet genial!

3. Suchen Sie Gemeinschaft, Austausch und gegenseitiges Reflektieren mit anderen Ozean-Seelen, die bereits

gelernt haben, oder auf dem Weg danach sind, ihren Ozeantypus als positiv zu sehen und zu erforschen.

Solche Art von Gemeinschaft motiviert eine Ozean-Seele immens. Ich erlebe dies jedes Jahr bei den AsB-Freundestreffen[20], wo unter anderem auch sehr viele Ozean-Seelen zusammenkommen und eine eindrückliche Atmosphäre auf der Grundlage von gemeinsamer Liebe, Annahme und Wertschätzung herrscht. Das tut einfach gut.

Richtiger Umgang mit „Quallen"

Zum effektiven Umgang mit den Schattenseiten unserer ozeanischen Persönlichkeit (dem „sarx") gehören folgende Punkte:
(Details im Basis-Seminar „Geheimnisse des Angenommenseins" – siehe Anhang.)

1. Nüchternes Zur-Kenntnis-Nehmen
Sagen Sie **Ja** zur grundsätzlichen „Verdorbenheit" Ihres „sarx". Und **Nein** zur Herrschaft des „sarx" über Ihre Gesamtpersönlichkeit! Das „sarx" ist nur ein kleiner Teil Ihrer Persönlichkeit. Nicht Sie selbst sind „verdorben", sondern eben dieser Teil: das „sarx", die Schattenseite… Trennen Sie das bitte klar und deutlich voneinander.

„Ja" zum Sein zu sagen ist die Grundlage, um „Nein" zur Herrschaft der Schattenseiten sagen zu können.

Obwohl jeder von uns zu jeder Schandtat fähig ist, kommt es drauf an, wie das „sarx" „gefüttert" wurde.

Ein sanftmütiger Mann, der noch nie Alkohol getrunken hat, wird nie die Versuchung verspüren, im Vollrausch eine Kneipe kurz und klein zu schlagen. Im Gegensatz zu jenem Mann, der aus diesem Milieu kommt und dieses Verhalten als Gewohnheit entwickelt hat.

Die Qualität eines jeden „sarx" ist also gleichermaßen „verdorben".
Aber die Art und Weise, wie es sich äußert, hängt vor allem mit den „Fütterungen" zusammen.[21]

Nehmen Sie also eine nüchterne Haltung Ihren eigenen Schattenseiten gegenüber ein.

2. Krücken („Gehhilfen") beachten

Wenn wir zur Kenntnis genommen haben, wie die ganz persönliche Prägung unseres „sarx" aussieht, müssen wir aber auch beachten, dass Gott in seiner großen Souveränität und Liebe oftmals auch Krücken zur Verfügung stellt, die er aber zu einer gewissen Zeit auch wieder wegnimmt.

Heutzutage sagen die Physiotherapeuten nicht mehr „Krücken", sondern „Gehhilfen"...
Wie dem auch sei: Der Sinn einer Krücke oder Gehhilfe ist es, dass man damit wieder gehen lernt. Eine oft sehr aufwändige Sache, denn man muss viel Geduld aufbringen, die Muskeln trainieren, zuerst einen Kreuzschritt lernen und so weiter und so fort. Es geht einfach darum,

wieder gehen zu lernen. Irgendwann werden die Krücken dann überflüssig sein. Das wäre das übliche, normale Geschehen.

Und doch sind wir vielleicht überrascht, wenn jemand – auf den psychisch-geistlichen Bereich bezogen – berichtet, dass Gott ihm seine Gehhilfe weggenommen hat, die er zwei Jahre lang benutzt hat. Und man kommentiert: „Vielleicht bin ich gar nicht richtig geheilt." Die Versuchungen aufgrund der Prägungen des „sarx" waren verschwunden. Und jetzt treten sie erstaunlicherweise erneut auf… wie bei unserem Beispiel „Regina", das wir im letzten Kapitel (unter: „Fehlgeleitete Selbstreflexionen") lasen, die eine Rückkehr von Stolz und Angeberei feststellten musste…

Hier noch ein weiteres Fallbeispiel: Heiner, den ich sehr gut kenne, war Alkoholiker. Seine Familie war dadurch am Zerbrechen. Die Kündigung durch seine Firma drohte. Bei einem Arbeitskollegen kam Heiner dann zum Glauben an Jesus Christus und lieferte sein Leben persönlich dem Auferstandenen aus. Heiner setzte willentlich sein Vertrauen auf die Zusicherung Jesu, dass Er am Kreuz von Golgatha für alle Schuld bezahlt habe. Mit seinem Arbeitskollegen betete Heiner: „Jesus Christus, komm du in mein Leben und verändere du mich so, wie DU mich haben willst. Ich setze mein Vertrauen darauf, mit dir in Gemeinschaft zu kommen und vertraue nur auf das, was du selbst für mich getan hast! Dir will ich gehören und mit dir künftig durchs Leben gehen…"

Ich gebe das hier genauso weiter, wie Heiner es mir erzählt hat.

Als Heiner am Abend nach Hause kam, stand noch der Rest einer Flasche Wein vom Vorabend auf dem Tisch. Instinktiv griff er danach, setzte die Flasche an, so wie er es sonst zu tun pflegte – aber jetzt spie er den Alkohol aus, denn er wurde von einer unbeschreiblichen Abscheu erfasst. Er hatte einen richtigen Ekel vor dem Alkohol… Das war keine Einbildung. So hatte Heiner es tatsächlich erlebt.

Viele Christen der Gemeinschaft, die Heiner dann besuchte, freuten sich natürlich über dieses Erlebnis. Solche Berichte hört man doch gern. Nach dem Motto: „Früher habe ich gesoffen, dann kam ich zum Glauben. Jetzt habe ich einen Ekel vor Alkohol. Halleluja." „Früher habe ich angegeben, dann kam ich zum Glauben, jetzt habe ich einen Ekel vor all der Angeberei." „Früher war ich egoistisch, dann kam ich zum Glauben, jetzt bin ich die Liebe in Person…"
Schön wär's, aber das „sarx" „bekehrt" sich nie.

Nach ein paar Wochen wurde es ganz still um Heiner. Er blieb seiner christlichen Gemeinschaft fern. Ich besuchte ihn und fragte: „Sag mal Heiner, was ist los mit dir?" Da gestand er: „Es ist so peinlich. Du wirst es nicht glauben wollen: Ich war wieder dreimal sternhagelblau. Ich kann nicht mehr in die Kirche gehen. Vielleicht bin ich gar kein richtiges Kind Gottes. Ich weiß nicht, irgendwas stimmt in meinem Leben nicht..."

Die Sache wurde schnell klar, als Heiner dann erzählte, wie es dazu gekommen ist. Er war zunächst so voller Freude und hatte seinen Arbeitskollegen von seinem Erleben erzählt. Diese Männer haben ihn etwas kritisch angeschaut und glaubten nicht so recht, dass er Ekel vor dem Alkohol hatte. Sie kannten ihn ja anders. Er wollte ihnen im Wirtshaus von seinem Glauben Näheres erzählen.

„Dann habe ich ein Bier getrunken, zwei Bier, drei Bier usw., bis nichts mehr rein ging", erzählte Heiner offen. „Das ist nun schon drei Mal passiert. Jetzt kann ich niemandem mehr etwas über Jesus erzählen, denn ich bin total unglaubwürdig geworden." Ein zerbrochener, resignierter Mann saß vor mir.

Hier bestand die große Gefahr, dass er wieder dauerhaft zu trinken anfängt. Sehr naheliegend und verständlich bei dieser Resignation.

Natürlich war Heiner wirklich gläubig. Und er hatte von Gott „Gehhilfen" bekommen, die sich im Ekel vor dem Alkohol äußerten.

Heiner war zu einer „neuen Kreatur in Christus" (2. Kor. 5,17) geworden, ohne dass sich das „sarx" bekehrt hatte. Und es wird sich auch nie bekehren.

Ich bin nicht der „Pressesprecher Gottes", aber ich kann mir vorstellen, dass Gott aus menschlicher Sicht gedacht hat: „Heiner, dir gebe ich erst mal eine Gehhilfe. Bringe erst mal deine Ehe und Familie in Ordnung."

Und tatsächlich hat diese Gehhilfe (Ekel vor dem Alkohol) Heiner geholfen, in seinem Leben wieder zurecht zu kommen.

Nach ein paar Wochen nahm Gott ihm diese Krücke, den Ekel vor dem Alkohol, wieder weg, denn jetzt sollte Heiner in das „Angesicht" seines „sarx" schauen, um einerseits zu lernen, damit umzugehen und andererseits auch seine seelischen Ur-Schmerzen zu finden, die er versucht hatte, durch Alkohol zu lindern.

Heiner aber ging davon aus, dass er bis ans Lebensende einen Ekel vor Alkohol haben würde. Wie hilfreich und schön – aber unrealistisch. Natürlich kann Gott in seiner Souveränität eine Krücke bis ans Lebensende belassen. Aber es ist nicht das Normale. Es muss uns klar sein, dass die Gehhilfe wieder weggenommen werden muss, damit wir wieder Muskeln bekommen.

Es war ein befreiendes Erlebnis, als Heiner dann ehrlich und offen mit seinen Arbeitskollegen sprach und erklärte: „Ich kann nicht mehr mit euch ins Wirtshaus kommen, denn wenn ich auch nur ein Bier trinke, holt mich der Alkoholismus wieder ein...“
Die Arbeitskollegen reagierten sehr positiv und fair und halfen Heiner, statt ihn in weitere Versuchungen zu bringen.

Sie hätten auch anders reagieren können. Aber sie wussten, wie schwierig die Situation mit Heiner war. Wegen Trunkenheit am Steuer war ihm schon einmal der Führerschein abgenommen worden, so dass er von den Arbeitskollegen immer abgeholt werden musste. Und die zerrüttete Familie war auch kein Geheimnis. So wurde Heiner voll unterstützt und die Arbeitskollegen meinten: „Jetzt bist du für uns viel glaubwürdiger, denn deinen Ekel vor Alkohol konnten wir uns überhaupt nicht vorstellen...“

Wichtig war bei Heiner, dass er nicht nur das Wirtshaus mied (verhaltenstherapeutische Maßnahme), sondern dass er mit einem ganzheitlichen Seelsorger tiefergehende Gespräche führte und der Frage nachging: „Heiner, wo ist dein Schmerz". Die ganzheitliche Verletzungsarbeit half ihm und brachte längerfristig Heilung. Manch einer empfiehlt hier nur, nicht mehr ins Wirtshaus zu gehen. Aber wir sollten fragen: „Was waren die Gründe für dieses Suchtverhalten?"[22]

Heiner gehört heute zu den leitenden Männern bei den Anonymen Alkoholikern seiner Stadt und konnte schon vielen anderen Menschen eine große Hilfe sein. Er ist ein zufriedener, „trockener Alkoholiker", der ein erfülltes Leben mit einer inzwischen harmonischen Familie leben kann.

Werden die „Gehhilfen" bezüglich des „sarx" nicht beachtet, kann es plötzlich wieder eine Menge Irritationen und Probleme geben, die das Leben belasten.

Bei Gedanken wie: „Da müsste ich doch lange darüber hinweg sein. Jetzt bin ich schon solange Christ, und dieser Mist ist immer noch da", sollten wir ernsthaft überlegen, ob es nicht sein kann, dass Gott einfach eine Krücke weggenommen hat.

Plötzlich schaut man wieder in das wahre Gesicht seiner Schattenseite – nicht nur, um damit richtig umgehen zu lernen, sondern auch, um die Herausforderung der Ursachenerforschung anzunehmen.

Wie wir noch sehen werden, sind die „sarx"-Auswirkungen oft Hinweise für unverarbeitete Verletzungen!

3. Anfechtung von Sünde unterscheiden

Unser Schöpfer hat auch die Gefühle erschaffen. Gott-sei-Dank! Um es kurz zu machen: Gefühle haben „Ursachen", aber auch „Träger". Die Träger von Gefühlen sind, vereinfacht gesagt, die „in Umlauf gekommene Biochemie".

Für die Träger der Gefühle sind wir in der Regel nicht verantwortlich.

Sie entstehen – oder auch nicht. Wie wir jedoch damit umgehen, ist unsere Verantwortung.

Im Kontext der Bibel sind Gefühle stets „moralisch neutral"! (Details im Basis-Seminar „Geheimnisse unserer Emotionalität" – siehe Anhang)

Anfechtungen und Versuchungen nehmen wir entweder über unsere Emotionen oder über das Denken wahr.

Besonders bei pazifischen Ozean-Seelen kommen Anfechtungen oft über beides gleichzeitig.

Wer nun Anfechtungen nicht von Sünde unterscheidet, ist dabei schon zum Versagen verurteilt. Viele Ozean-Seelen können davon ein Lied singen.

Um konkret zu werden:

Da schnappt mir ein Autofahrer einen endlich frei gewordenen Parkplatz vor der Nase weg. Dass jetzt der Ärger in mir hochsteigt, ist keine Sünde, sondern Anfechtung und Versuchung, z.B. diesen unverschämten Fahrer aus dem Auto zu zerren und ihm ordentlich die Meinung zu sagen… oder ihm sogar „eine zu kleben".

Das Gefühl der Aggression ist also noch keine Sünde – erst wenn ich einwillige, dass dieses Gefühl zur einer verletzenden Tat wird. Ich kann stattdessen auch fried-fertig reagieren. Das ist meine eigene Entscheidung.

Wann wird dann die Anfechtung zur Sünde? Dazu müssen wir die Kennzeichen einer Persönlichkeit festhalten:
a) Eigenes Denkvermögen
b) Eigenes Empfindungsvermögen und
c) Eigener Wille

Im Gegensatz zu Gott (der ebenfalls eine Persönlichkeit ist) haben wir aber auch noch einen Körper.
Anfechtung oder Versuchung wird zur Sünde, wenn alle drei Kennzeichen einer Persönlichkeit zusammenkommen und auch der Wille schließlich „Ja" dazu sagt.

Wenn ich also voller „Gefühle" bin, die mich in eine falsche Richtung drängen, ist das noch keine Sünde. Wenn mein Denken mir diese Möglichkeiten des falschen Weges verdeutlicht, ist das auch noch keine Sünde. Erst wenn mein Wille „Ja" dazu sagt, wird die Versuchung zur Sünde.

Das bedeutet aber auch, dass es bereits zur Sünde kommen kann, noch bevor die entsprechende Tat begangen wird: *„Wer eine Frau ansieht, **ihrer zu begehren**, hat bereits in seinem Herzen Ehebruch begangen."* (Mt 5,28 ELB)

Hier könnte man fälschlicherweise annehmen, dass das „Gefühl" des Begehrens schon Sünde sei, oder die Einsicht: „Oh, was für eine begehrenswerte, attraktive Frau"…
Das alles ist erst eine Anfechtung oder Versuchung.

Erst wenn der Wille „Ja" zum Begehren sagt und die Phantasie gefüttert wird, dann wird Anfechtung zur Sünde.

*„Einen Bund habe ich mit meinen Augen geschlossen. Wie hätte ich da auf eine Jungfrau **lüstern** blicken sollen?"* *(Hiob 31,1, ELB)*
Auch dieses Wort aus dem Buch Hiob zeigt, dass „lüstern" bereits eine willentliche Absicht darstellt!

Warum ist das so wichtig?
Weil wir uns sonst zu schnell verurteilen, wenn wir erst in der Phase der Anfechtung stehen – und dadurch keine Freude und Energie mehr haben, einen wirklich guten Weg einzuschlagen. Wir haben quasi bereits bei der Versuchung ein „schlechtes Gewissen", das uns lähmt und uns unsere Freiheit raubt.

Jakobus schreibt: *„Achtet es für lauter Freude, wenn ihr in mancherlei Anfechtung geratet!" (Jak. 5,1)* Anfechtung ist also keine Sünde, sonst könnten wir uns nicht darüber freuen!

Gerade bei sexuellen Anfechtungen ist es sehr wichtig, diese Unterscheidung zu leben. Viele Leute kennen aber nur eine sexuelle Konditionierung – hin zur Entgleisung, hin zum sofortigen Begehren. Da bedarf es einer Neukonditionierung. C. S. Lewis legt das Beispiel vor: „Man kann eine Landschaft bewundern, ohne sie gleich erwerben zu müssen"…
Und tatsächlich sagt uns 1. Tim. 4,4, dass *„alles was Gott geschaffen hat gut ist und wir es mit Danksagung*

genießen sollen". Auch menschliche Attraktivität und Schönheit.

Das ist ein seelsorglicher Übungsweg, den man lernen kann. Dadurch wird das Wahrnehmen körperlicher Attraktivität oder Anziehungskraft vom Begehren getrennt – endlich Grund zur Freude und Souveränität. (Details im Basis-Seminar „Geheimnisse des Angenommenseins" – s. Anhang.)

4. Alternativen setzen

In Eph. 4,22 ff werden wir aufgefordert, „Altes abzulegen und Neues anzuziehen". Ein Umlernen im Verhalten – verhaltenstherapeutischer Ansatz – ist also ebenfalls zu beachten!

Das „sarx" darf nicht „gefüttert" werden. Stattdessen wenden wir uns erfüllenden, positiven und gottwohlgefälligen Wegen zu: *„Was wahrhaftig ist, was ehrbar, was gerecht, was rein, was liebenswert, was einen guten Ruf hat, sei es eine Tugend, sei es ein Lob – darauf seid bedacht!" (Phil. 4,8 LUT)*

Deshalb beinhaltet die Abkehr von den „Werken des sarx" nicht einfach ein „Nein" zum „sarx", sondern etwas Lebendiges, Positives: *„Wandelt im Geist, so werdet ihr das Begehren des sarx nicht erfüllen." (Gal. 5,16)*

Gott sagte nicht: „Die Dunkelheit soll aufhören", sondern *„Es werde Licht!" (1. Mose 1,3)*

Mit Verneinungen werden wir nie weiterkommen. „Das will ich nicht" ist zu schwach... Es kann nämlich sein, dass ich mich dadurch genau darauf fokussiere.

Versuchen sie mal, nicht an einen blauen Elefanten zu denken... Doch genau das tun sie jetzt! Stimmt´s? Zudem ist vom verhaltenstherapeutischen Ansatz bekannt, dass positive Gedanken etwas in der Tiefe auf emotionaler Ebene bewirken können, was den negativ eingefahrenen Bahnungen entgegenwirkt. D.h. wenn Sie Schönheit mit „Danksagung" genießen, dann verändert sich auch Ihr Denken und Fühlen in diese Schiene hinein (Umkonditionierung).

Daher überlegen Sie, welche Alternativen Sie den Affinitäten (Neigungen) Ihrer Schattenseiten entgegen setzen können...

Richtiger Umgang mit „Vulkanausbrüchen"

Ein richtiger Umgang mit „ozeanischen Vulkanausbrüchen" resultiert erst aus einer ganzheitlichen Verletzungsarbeit mit sich selbst.

Meine Empfehlung: AsB-Seminar „Geheimnisse der Persönlichkeitsreifung". Hier besonders: „Die Balustrade ganzheitlicher Verletzungs- und Vergebungsarbeit". (Details: www.asb-seelsorge.com) Aus dieser „Balustrade" folgen hier einige Punkte. Wobei es sich wirklich nur um einen kurzen, auszugsweisen Abriss von den wichtigen Kernpunkten handelt, damit deutlich wird, in welche Richtung die ganzheitliche Verletzungsarbeit geht.

Grundlage: vorbehaltloses Angenommensein

*„Nehmt einander an, **gleichwie** auch Christus euch angenommen hat, zur Ehre Gottes." (Röm 15,7 LUT)*

Damit die Seele auch tiefe Verletzungen und Lebenswunden preisgibt, ist eine Basis vorbehaltlosen Angenommenseins vonnöten. D.h. mit anderen Worten: Dem seelsorglich geschulten Menschen, der mit mir diese Stacheln anschauen möchte, muss ich alles sagen können, ohne dafür auch nur einem Naserümpfen zu begegnen. Anders ausgedrückt: Ich muss spüren und sicher sein können, dass mir immer und ausnahmslos Liebe (die das Beste für den anderen sucht), Annahme und Wertschätzung entgegengebracht wird.

Stachel herausziehen und gemeinsam anschauen: Was hat das mit mir gemacht?

„Selig sind die Trauernden, denn sie sollen getröstet werden." (Mt 5,4 LUT)

Stachel herausziehen und anschauen: „Was hat das mit mir gemacht?". Dies ist die eigentliche praktische und aktive Trauerbearbeitung der Verletzung bzw. Lebenswunde.

Natürlich müssen wir uns durch das Anschauen des „Stachels" ein Stück weit wieder dem alten erlittenen Schmerz aussetzen. Diesen wollen wir verständlicherweise nicht fühlen und greifen deshalb – meist unbewusst – zu Vermeidungsstrategien.
Das ist sehr verständlich: Der Schmerz ist schließlich höchst unangenehm, und daher versuchen wir alles, um ihn zu lindern.
Aber wie?!

Hier ein paar Beispiele:
a) durch Süchte: Kompensation,
zum einen stofflicher Art (wir denken meist an stoffliche Süchte wie Drogen, Alkohol etc.), aber es gibt zum andern auch Süchte nicht-stofflicher Art wie Beziehungssucht, Computerspielsucht, Kaufsucht, Spielsucht (Glücksspiele), Internet-, Handy- oder Fernseh-Abhängigkeit, Sexsucht, Ladendiebstähle (Kleptomanie), Klatsch, zwanghaftes Grübeln, Sportsucht, Pornografiesucht, religiöse Gesetzes-Sucht oder verschiedenste Verhaltenszwänge. Hierzu gehört auch die „beliebteste Sucht" in christlichen Kreisen – so scheint es jedenfalls oft – die Arbeitssucht (workaholic); oder das Helfersyndrom bis hin zum Zwangsbeglücken mit der Folge eines Burn-out.

b) Wir verleugnen, verletzt worden zu sein.
Ein etwa zehnjähriger Junge auf dem Schulhof wird verspottet und gehänselt. Anschließend sagt ein Freund zu ihm: „Mensch, war das gemein!" Die Antwort des Jungen: „Ach, hat mir gar nichts ausgemacht!" Und innerlich weint der Junge. Diese kindische Reaktion ist „Verleugnung". Natürlich, in der Kindheit kann das ein Weg

sein, um mit der seelischen Verletzung fertig zu werden. Aber das ist keine Alternative für einen Erwachsenen, denn verleugnen und dann verdrängen heilt den Schmerz nicht. Verleugnen schafft keinen Raum, um diesen Schmerz bearbeiten zu können. Im Gegenteil, er wird größer, wächst zu Zorn und Verbitterung; oder diese Lüge schafft eine tiefe Gefühlsleere.

c)   Wir suchen einen Sündenbock.

Statt den Schmerz der erfahrenen Verletzung zu verarbeiten, damit er heilen kann, werden wir zynisch und werten unsere Umwelt ab. Das soll auch den eigenen Schmerz lindern – natürlich ohne wirklichen Erfolg. Überall sehen wir nur noch Schuldige, unter denen wir verständlicherweise leiden. „Wenn du in solch einer Umgebung leben müsstest wie ich, würde es dir auch so schlecht gehen", meinte ein Seminarteilnehmer. So kritisieren wir immer mehr an anderen herum und werden selbst immer unzufriedener. Wir verharren in der Opferrolle und signalisieren unserem Umfeld: Ich fühle mich ausgeschlossen, unverstanden, ungerecht behandelt und missbraucht; ich fühle mich weder unterstützt noch geliebt – und das Herz verhärtet schließlich in Selbstmitleid oder Stolz.

Doch das Festhalten an all diesen Vermeidungstaktiken erhöht den Schmerz: Die Bibel redet von einer „gefallenen Welt". Hier geschehen Verletzungen. Sie lassen sich oft nicht vermeiden. Diesen Schmerz wollen wir lindern. Doch das Aufrechterhalten dieser Abwehrmechanismen und Vermeidungsstrategien kostet zusätzlich Kraft und Lebensenergie – zu unserem „Schmerzpaket" kommt ein weiteres Stück dazu.

Daher ist es notwendig, den „Stachel" anzuschauen. Ihn zu benennen! Denn was „benannt" wird, das kann man besser beherrschen, damit kann man besser umgehen. Es verliert an zerstörerischer Kraft aus dem Verborgenen. Das Anschauen und Benennen einer aktiven oder passiven Verletzung gehört also zu den wesentlichen Aspekten bei der ganzheitlichen Verletzungsarbeit.

Bereits hier finde ich wichtig zu erwähnen: Vor der Vergebung kommt zuerst die Verletzungsarbeit! Denn Vergebung ohne Verletzungsarbeit gleicht dem Kleben eines Pflasters auf eine eitrige Wunde.

Der zweite Aspekt wird vielleicht bei manchen einen Widerstand hervorrufen. Denn wir müssen uns fragen, wohin nun mit diesen „Stacheln"?

Hier unterscheiden sich viele Aussagen der säkularen Psychotherapien von den Prinzipien der „ganzheitlichen Seelsorge", die ich empfehle.

Ich konnte über längere Zeit bei uns im Landratsamt eine rund 30-köpfige Gruppe von Sozialarbeitern bei uns im Landratsamt coachen. Dabei musste ich religiös völlig neutral sein, was bei einer öffentlichen Einrichtung auch richtig ist.

Doch wie sollte ich den nächsten Punkt erklären, der schlicht und einfach einen geistlichen Bereich tangiert? Ich entschloss mich, den Sozialarbeitern verschiedene Möglichkeiten vorzulegen. Wie geht zum Beispiel die

Psychoanalyse mit dem Schmerz um? Oder eine bestimmte esoterische Richtung: Dort schreibt man den Schmerz auf einen Stein, pilgert in den Garten und vergräbt den Stein im Boden. Dadurch hätte man „den Schmerz der Mutter Erde zurückgegeben". Oder wie gehen Buddhismus, Islam oder Hinduismus mit dem Schmerz um? Aber auch beim Christentum musste ich Unterschiede machen: Wie geht das religiöse Christentum, das gesetzliche Christentum, das „bibeltreue" Christentum oder das liebesorientierte Christentum mit dem Schmerz um?

So konnte sich dann jeder das heraussuchen, was für ihn relevant und am geeignetsten erschien. Dadurch hatte ich die Neutralität gewahrt. Für den Mitdenkenden wurde natürlich sehr, sehr deutlich, dass die einzig wahrhaftige und sinnvolle Variante mit dem Schmerz umzugehen, die des liebesorientierten Christentums ist:

Verletzung / Schmerz nach Jesaja 53 in die Wunden Jesu legen

> *„ ...und unsere Schmerzen lud er auf sich!"*
> *(Jes. 53,4)*

Die christliche Botschaft lautet, dass Jesus Christus am Kreuz von Golgatha all unsere Sünden auf sich genommen und bezahlt hat. Die frohe Botschaft des Evangeliums beinhaltet jedoch auch, dass er dort all unsere Schmerzen mit durchlitten hat.

Beides sind geistliche Tatsachen!

Wie wir unsere Schuld im Gebet dem auferstandenen Jesus Christus hinlegen können, genauso sollten wir auch jeden Schmerz, der uns bewusst wird, in seine Wunden legen. Das ist kein Psychotrick, sondern eine geistliche Tatsache, welche die geistliche Grundlage für einen tiefen Heilungsprozess darstellt.

Wie unvergebene Sünde ein großes Hindernis in der Persönlichkeitsreifung und tiefen Gemeinschaft mit Gott und anderen darstellt, so stellen auch unverarbeiteter Schmerz und unverarbeitete Verletzungen ein großes Hindernis dar.

Deshalb sind wir dazu eingeladen, Jesus Christus sowohl als Sündenheiland, als auch als Schmerzensmann anzunehmen und zu erfahren.

Die Lügenbotschaft des Stachels entlarven und durch Wahrheit ersetzen

Lügenbotschaften können zu einem falschen „Lebensklima" führen. Wer immer wieder ähnliche Verletzungen mit ähnlichen Lügenbotschaften erlebt, wird sich immer mehr damit identifizieren und schließlich selbst überzeugt sein, dass er nicht liebenswürdig, dass er nicht in Ordnung oder unannehmbar ist.

Auch Verletzungen aus der Kindheit, an die wir uns nicht bewusst erinnern können, sind tief in uns gespeichert und tragen große Lügenbotschaften im Gepäck.
Es kann nun sein, dass ein scheinbar banaler Auslöser in der Gegenwart diese „Urwunde" berührt und wir mit

heftigen emotionalen Reaktionen darauf antworten. Wir sind durch unsere „Urwunden" und die daraus resultierenden Lebenslügen geprägt und teilweise gesteuert.

Gerade der atlantische und der pazifische Ozean unterstützen ihre Gefühle durch Lügenbotschaften mit einer bestechenden Logik.

Wie wichtig hier ein ernsthaftes Reflektieren ist, um die eigene Ozean-Seele entfalten zu können, liegt wohl auf der Hand.

Die Dynamik der ganzheitlichen Vergebung

Sowohl das eigene Versagen in verschiedensten „Schattenbereichen" wie auch das Schuldigwerden anderer Menschen gegenüber, kann sich als schwere Last in der Tiefe der Ozean-Seele festsetzen und sowohl für die Entstehung von „Quallen" und „Monsterwellen" wie auch „Vulkanausbrüchen" ursächlich verantwortlich sein.

Deshalb gehört zum richtigen Umgang mit „Quallen", „Vulkanausbrüchen" und „Monsterwellen" gerade auch das Thema der ganzheitlichen Vergebung.

Da Ozean-Seelen normalerweise Schuld nicht einfach von sich schieben können – weder jene anderen Menschen gegenüber, noch die sich selbst gegenüber – benötigt die Psyche hier einen besonders wirksamen Lösungsweg, zumal es sich bei diesem Thema auch um eine geistliche Dimension handelt.

Wenn ich an einem anderen Menschen schuldig werde, stellt sich normalerweise ein Schuldgefühl ein. Ist dieses Schuldgefühl gesund oder nicht?

Natürlich ist es gesund, sonst wäre ich vermutlich ein gewissensloser und empfindungsloser Mensch. Die Meisten empfinden in diese Richtung, mit Ausnahmen von Menschen, bei denen pathologische Gegebenheiten vorliegen, z.B. ein krankhafter Mangel an Empathie.

Werde ich an jemandem schuldig, dann darf ich bei diesem Schuldgefühl – das absolut gesund ist – nicht stehen bleiben, sonst macht es mich kaputt. Ich muss mit **Vergebung** antworten. Ich muss mir selbst vergeben und – wenn nötig – den Menschen, an dem ich schuldig geworden bin, um Vergebung bitten, bzw. Wiedergutmachung leisten – dann verschwindet das Schuldgefühl mit der Zeit auch in gesunder Art und Weise wieder.

Wenn andere Menschen an mir schuldig werden, stellt sich üblicherweise auch ein Gefühl ein. Diesmal kein Schuldgefühl, sondern Aggressionen. Wut, Ärger und Bitterkeit sind die gesunden Reaktionen der Psyche.

Aber auch hier dürfen wir nicht stehen bleiben. Das Verletztsein würde uns sonst kaputt machen. Ich muss mit **Vergebung** antworten. Konkret: mit Verletzungs- und Vergebungsarbeit – dann verschwindet die Bitterkeit und das Verletztsein mit der Zeit auch in gesunder Art und Weise wieder.

Wenn ich hier nun einiges über die willentliche Vergebung schreibe, dann setzte ich immer zuerst die Verletzungsarbeit voraus. Sonst handelt es sich nicht um eine ganzheitliche Vergebung und viele Wunden können dann weiterhin „eitern".

Doch – nach der Verletzungsarbeit – was bedeutet nun Vergebung?!

Eine Willensentscheidung

Praktische Vergebung bedeutet: „Ich verzichte auf Rache, Genugtuung und Vergeltung!", „Ich erlasse die Schuld…"

Ver-Geben, die Schuld weiter-geben bzw. erlassen:
Das Recht „Rache zu üben" gebe ich an Gott ab:
„Die Rache ist mein, spricht der Herr." (5 Mose 32,35)
In Eph. 4,32 heißt es: *„Vergebet einander gleichwie auch Gott uns in Christus vergeben hat."*

Wenn wir also wissen möchten, wie echte, wirksame Vergebung auszusehen hat, müssen wir nur die Gegebenheiten betrachten, wie uns Gott in Christus vergeben hat:

Biblische Vergebung braucht eine Willensentscheidung!

„Und du wirst alle ihre Sünden in die Tiefen des Meeres werfen." (Mi 7,19)

„Selig ist der Mann, welchem der Herr die Sünde nicht zurechnet." (Röm 4,8)

„...denn ich werde gnädig sein gegen ihre Ungerechtigkeiten und ihrer Sünden nicht mehr gedenken." (Hebr 8,12; Jer 31,34b)

„Du aber hast dich meiner Seele herzlich angenommen, dass sie nicht verdürbe; denn du wirfst alle meine Sünden hinter dich zurück!" (Jes 38,17)
(alle Bibelstellen: LUT))

Vergeben bedeutet daher <u>nicht</u> „vergessen". Könnte sich Gott an all unsere Sünden erinnern? Ja natürlich, denn Er leidet nicht an Vergesslichkeit. Aber Er **will** sich nicht erinnern, wenn Er sie vergeben hat. Punkt. Erledigt.
Vergebung ist auch <u>keine</u> Gefühlssache. Das Schuldgefühl wie auch das Gefühl von Bitterkeit und Verletztheit ist nämlich die Reaktion auf die Schuld.

Nach der Vergebung braucht es normalerweise eine gewisse Zeit, bis die Gefühle den neuen Tatsachen folgen. So wie nach einem Sturm weiterhin die höheren Wellen an den schönen Strand gespült werden, obwohl sich der Sturm selbst bereits gelegt hat.

Vergebung heißt auch <u>nicht</u> Versöhnung. Gott wurde in Jesus Christus Mensch. Der Gottessohn war sich dessen bewusst, dass das Grundproblem des Menschen in der Schuldfrage lag. Wir brauchen jemanden, der für unsere

Schuld bezahlt, der sie auf sich nimmt, da keine Sünde in ewiger Gemeinschaft mit einem heiligen, reinen Gott existieren kann. Deshalb ging Jesus ans Kreuz: Er *„der von keiner Sünde wusste, wurde für uns zur Sünde gemacht." (2. Kor. 5,21 LUT)*

Jesus Christus hat sich dort mit aller Schuld identifiziert – und sie bezahlt. Jeder Mensch, der dies für sich in Anspruch nimmt, wird mit Gott versöhnt.

„Ja, in der Person von Christus hat Gott die Welt mit sich versöhnt, so dass er den Menschen ihre Verfehlungen nicht anrechnet; und uns hat er die Aufgabe anvertraut, diese Versöhnungsbotschaft zu verkünden." (2. Kor. 8,18)

Dabei ein Wort an jene Leserinnen und Leser, die weder an Gott noch an die Bibel glauben: Ich empfehle Ihnen, die hier vorgelegten Prinzipien trotzdem anzuwenden – Sie werden erstaunt sein über die Genialität und Wirksamkeit dieser Prinzipien! Sie müssen sich keinen „anderen Glauben" überstülpen lassen, müssen sich nicht verbiegen. Probieren Sie es einfach einmal aus… Ein Agnostiker sagte mir einmal: „Es war interessant für mich: Manchmal muss man Wahrheit erst einmal ein Stück weit selbst erleben, bis man die Fakten dahinter erkennen kann… Ich habe es nicht bereut…"

So wie ich selbst also die Vergebung Gottes für mich in Anspruch genommen habe (und bei jeder Verfehlung meinerseits auch sagen kann: *„Danke Jesus, dass du dafür schon bezahlt hast; danke, dass ich dir mein Schul-*

digwerden daher einfach bekennen darf und du mir ver-geben hast!") genau so will ich seine Vergebung (nach der Verletzungsarbeit!) auch an jene weitergeben, die an mir schuldig geworden sind.

„Wenn wir unsere Sünden bekennen, erweist Gott sich als treu und gerecht: Er vergibt uns unsere Sünden und reinigt uns von allem Unrecht, das wir begangen haben." (1. Joh. 1,9 NGÜ)

Biblische Vergebung ist eine unverdiente Vergebung

„So dass sie gerechtfertigt werden ohne Verdienst, durch seine Gnade, mittels der Erlösung, die in Christus Jesus ist."
(Röm 3,24 LUT)

„Denn durch die Gnade seid ihr gerettet... Gottes Gabe ist es..." (Eph 2,8 SLT)

Manchmal wollen wir erst Vergebung verdienen – und der andere soll sie sich auch verdienen... Doch das ist keine biblische Vergebung.

Gottes Vergebung ist unverdient. Unabhängig von unserer Leistung. Wir dürfen sie nur in Anspruch nehmen.
Da fallen wir leider gerne in rein menschliche Empfindlichkeiten: Wir können Vergebung nur „auf Bewährung" akzeptieren. Wehe, wenn ich die Bewährungsauflagen nicht erfülle – dann sofort wieder ab ins Gefängnis. Bei Gott ist das anders. Seine Vergebung ist vollkommen

und völlig unverdient. So sollen wir auch uns selbst in unverdienter Weise vergeben – und den anderen, die an uns schuldig geworden sind, ebenso.

Ich fand einmal eine Notiz:
„Befreie den Nacken von der Hartnäckigkeit; den Hals von der Halsstarrigkeit.
Nicht nach-tragen und zentnerweise selbst tragen, was Jesus schon getragen hat, daher ver-geben – weiterge-ben an Gott... "[23]

Grenzen setzen

Biblische Vergebung ist die Voraussetzung für klare Grenzen.

Neben dem Prinzip, nach der Verletzungsarbeit auch Vergebungsarbeit zu leisten, gibt es aber auch noch andere biblische Prinzipien, die wir dabei nicht vergessen dürfen. Eines der wichtigsten ist:
Keine unbiblischen Prinzipien zu fördern oder zu unterstützen! (vgl. auch Eph 5,11 und Mt 18,15-17)

Ein simples, konstruiertes Beispiel:
Würde ich zu einem Leser jetzt sagen: „Oh, ich hab in Ihrer Stadt ein interessantes Juweliergeschäft entdeckt. Ich möchte heute Nacht dort einbrechen und wertvollen Schmuck stehlen – und diesen dann an arme Leute verteilen. Bitte helfen Sie mir dabei!"
Der Leser würde sicherlich antworten: „Ihre Absicht in Ehren, Herr Nitsche, aber ich werde Sie sicherlich nicht

in Ihrem sündhaften Tun unterstützen!" Der Leser hätte recht!

Vergeben heißt also: keine sündhaften Wege unterstützen. Deshalb müssen wir da klare Grenzen setzen.

Das Beispiel eines Pastors aus meiner (ehemaligen) Beratungspraxis:
Eine religiöse Frau setzte ihren Pastor immer wieder unter Druck: Er sei schließlich ihr Pastor und sie brauche persönliche Gespräche mit ihm, vor allem am Wochenende.
Darüberhinaus müsse sie unbedingt eine ausführliche Gebetszeit mit ihm haben.
Der Pastor hatte zuerst ein schlechtes Gewissen, diese Erwartungen zurückzuweisen, bis ihm klar wurde: Es ist nicht das **wahre** Bedürfnis dieser Frau, so abhängig von ihm zu werden.
Daher wäre es auch keine Liebe, diese fehlgeleiteten Bedürfnisse zu erfüllen.
Also setzte er konsequent und mit aller Entschiedenheit Grenzen – was nicht nur ihm und seiner Familie, sondern auch dieser Frau gut tat, weil sie nach ein paar Wochen in einem seelsorglichen Gespräch mit einem AsB-Berater erkannte, wie egozentrisch ihre geäußerten Wünsche waren.

Viele Fallbeispiele – sowohl in Bezug auf das willentliche Vergeben wie auch bezüglich „Grenzen setzen" – finden Sie im Basiskurs „Geheimnisse wahrer Persönlichkeitsreifung".

Umgang mit „Monster-Wellen"

„Unter eine Welle kommen" können Ozean-Seelen genauso wie Bergsee-Seelen.
Die jeweilige Art und Intensität ist von Mensch zu Mensch sehr verschieden.
Die Prinzipien für einen erfolgreichen Umgang damit sind ähnlich.

Das Wort „alletheia" (griechisch: aufdecken), das meist mit „Wahrheit" übersetzt wird, bekommt hier eine besondere Bedeutung: *„die Wahrheit wird euch freimachen" (Joh. 8,32 LUT)* – wir dürfen hier mit wachem Geist „aufdecken" was geschieht. Das befreit und hilft uns, sogar durch „Monsterwellen" unbeschadet zu tauchen oder darüber hinweg zu „surfen". Allerdings ist dies ein Reifungsprozess, der Zeit braucht!

Was geschieht, wenn ein Mensch „unter eine Welle" kommt?

Angst
Verlassenheit
Scham

Wir identifizieren uns mit dem verletzten Kindlichen
– mit dem Kindischen – in uns!

Eine grundlegende Wahrheit bei der Persönlichkeitsreifung ist die Tatsache, dass unser Schöpfer uns etwas souverän Kindliches, etwas Kreatives und Unbefangenes ins Herz gelegt hat. Stellen Sie sich einfach ein solches „kindliches Kind" vor: Wie es frei und fröhlich über eine Wiese hüpft, ein Lied trällert, ohne zu beachten, wer dabei zuhört, kreativ ein Blumensträußchen pflückt, unbefangen sowie lachend umherspringt.

Nun stellen Sie sich im Gegensatz dazu ein „kindisches Kind" vor: Wie es mit dem Fuß auf den Boden stampft und schreit: „Ich will jetzt das Bonbon!... Und wenn ich es nicht bekomme, schreie ich laut" – oder „...muss ich sterben!"

Wir sollten beachten: Wenn das Kindliche in uns verletzt wird, wird es kindisch. Und wenn es an der Reifung gehindert wird (wenn z.B. Eltern ihr Kind an der notwendigen Abnabelung bewusst oder unbewusst hindern) wird es ebenfalls kindisch.

Das Kindische ist eifersüchtig, manipulativ, schmollt und kann es nicht ertragen, nicht das zu bekommen, was es gerade will. Bei seelischen Verletzungen drückt sich das Kindische oft durch Misstrauen aus, durch Rückzug, Selbstmitleid und Selbstablehnung oder Sündenbocksuche. Es zeigt sich sauer, dickköpfig, unvernünftig und trotzig.

Kennen Sie auch erwachsene „kindische" Menschen? Sie können davon ausgehen, dass es sich um verletzte Menschen handelt, die ihre seelischen Wunden noch

nicht durch ganzheitliche Verletzungs- und Vergebungsarbeit behandelt haben.

Wie hängt dies nun mit den Monsterwellen zusammen?
In einer „Welle" identifizieren wir uns in der Regel mit
dem Kindischen in uns.

Also nicht mit dem Kindlichen, was uns zur Souveränität, zur Freiheit und Unbefangenheit führt, sondern mit
dem Verletzten in uns oder mit dem an der Reifung ge-
hinderten.

Dabei setzte ich – im Bild gesprochen – quasi eine
„Brille des Kindischen" auf und sehe alles um mich
herum nur noch durch diese durch Verletzung getrübten
Gläser.

Unter dieser Welle kommen die menschlichen Urge-
fühle von Angst, Verlassenheit und Scham zum Vorschein, die schon am Anfang der Bibel in 1. Mose 3 benannt werden (und ihren Grund in seelischen Verletzungen haben.) Sie sind auf die prinzipielle Trennung von
Gott, die durch den Sündenfall in unsere Welt gekommen ist, zurückzuführen. Seit Adam und Eva holen sie
jeden von uns ein und verbinden sich mit den jeweiligen
persönlichen Lebensverletzungen jedes Einzelnen.

Die – aus diesen Verletzungen hervorgehenden oder
stammenden – Lebenslügen prägen unser Leben und ergreifen nun die Herrschaft über unsere Gefühle und unser Denken.

Solche „Monsterwellen" können so gewaltig sein, dass eine Ozean-Seele in Selbstmitleid, Rückzugs- und Manipulationstaktiken oder ein anderes kindisches Verhalten verfällt. Auch schwere Depressionen, Selbsthass und Lebensmüdigkeit können auftreten. Diese „Monsterwellen" können von einigen Stunden bis zu Wochen dauern. Und es sind „übliche" Symptome einer angegriffenen Ozean-Seele! Es sind keine psychopathologischen Phänomene, d.h. sie sind – in diesem Fall – nicht als krankhaft einzuordnen.

Doch nun stellt sich intensiv die Frage: Wie können wir „surfen" oder segeln lernen, um nicht immer wieder unter diese Welle zu kommen, mit all ihren unangenehmen Symptomen?

Die Antworten dieses „Surf-Kurses" beinhalten folgende konkreten fünf Fragen, um an Objektivität und Abstand zu gewinnen:

Wie sehe ich, wenn ich die „Brille des verletzten Kindischen" aufgesetzt habe:

a) mich selbst
b) das Leben
c) die anderen
d) die Meinung der anderen über mich?

Beantworten Sie diese Fragen ganz ehrlich – und denken Sie dabei immer daran, dass es sich um einen Blick durch die „Brille des Kindischen" handelt.

Dadurch gewinnen Sie mehr an Objektivität und Abstand zu sich selbst, zum Leben, zu den anderen und zur Meinung der anderen über Sie.

Die Bilanz wird nicht gerade erfreulich sein. Aber diesen Negativismus können Sie nun besser der Gegebenheit zuordnen, dass es sich dabei tatsächlich „nur" um den Blick durch die „Brille des Kindischen" handelt!

Wir könnten nun leicht einer weiteren Lebenslüge erliegen: „So bin ich wirklich" oder „Ich bin halt so!"

Dies spiegelt jedoch nicht die Realität wider und ist nur der Blick auf mich, wenn ich mich unter der Welle befinde.

Wie fühlt es sich an, unter der Welle zu sein?

Nehmen Sie Ihre Emotionen konkret wahr. Wenn Sie sich unter einer Welle befinden, dann fühlen Sie sich schlecht. Aber wie genau äußert sich das?

Ich möchte dies am Beispiel eines verletzten Kindes verdeutlichen: Ein verletztes Kind mag sich normalerweise selbst auch nicht. Deshalb lässt es sich nicht so einfach in den Arm nehmen und kuschelt sich nicht gleich an einen Menschen heran, der es trösten will. Es geht durch diese Selbstablehnung auf Distanz zu anderen. Es erwartet, dass andere es so behandeln, wie es sich selbst fühlt.

Andererseits kann es auch sein, dass das verletzte Kind, das diesen Mangel fühlt, nun von anderen erwartet, diesen auszugleichen und sich deshalb umso mehr an andere Menschen klammert. Es sucht Nähe und Zuwendung, kann dabei eine gesunde emotionale und körperliche Distanz nur schwer beachten. Es erwartet, oft unbewusst, dass andere seinen Mangel ausfüllen.

Nehmen Sie diese Gefühle „des Kindischen" in sich wahr. Dabei erkennen Sie, dass die Gefühle sehr eng mit Ihrem Blick, den sie durch die „Brille des Kindischen" haben, zusammenhängen.

Oder diese schmerzhaften Gefühle werden durch die Berührung mit einer Urwunde ausgelöst. Die Gefühle sind nun wertvolle Wegweiser zu Verletzungen, die noch bearbeitet werden müssen.

In der Realität sind beide Aspekte miteinander vermischt. Unsere Gefühlswelt ist sehr facettenreich und komplex – alle Gefühle wollen gefühlt werden. Sie sind moralisch neutral, fühlen sich nur unterschiedlich an. Aber nicht nur das Wahrnehmen dieser Gefühle ist wichtig, sondern auch das Annehmen: „Es darf so sein! Ich fühle mich so verletzt!"

Sie dürfen diese Gefühle in sich wahrnehmen und annehmen, so wie sie im Augenblick sind und in der Gewissheit, dass sie sich auch wieder verändern werden, wenn sie die Brille des Kindischen absetzen können.

Was waren die Auslöser, dass ich unter die Welle gekommen bin?

Wurde z.B. eine Urwunde berührt? Wenn ja, welche?
Auslöser sind manchmal Kleinigkeiten, oft so klein, dass ich unter der Welle nicht mehr weiß, was die Welle überhaupt ausgelöst hat.

Bildlich gesprochen hat sich ein „kleiner Kratzer", eine seelische Verletzung in der Gegenwart mit einer großen in uns gespeicherten Urwunde verbunden – ich reagiere für mich selbst und andere unerwartet heftig darauf. Ein weiteres Stück Schmerz kommt zu meinem Lebenspaket hinzu.

Wie reagiere ich aus der Welle heraus?

Nun schauen Sie sich Ihre Reaktionen an. Das kindische Verhalten – über das Sie sich vielleicht schon geärgert, es abgelehnt, sich selbst dafür verurteilt haben oder es nicht einordnen konnten.

Nehmen Sie sich Zeit, Ihr Verhalten wie „von außen" wahrzunehmen und zu beobachten. Die Erkenntnis, dass Ihr Verhalten vor allem eine Reaktion „aus der Welle heraus" darstellt, wird Ihnen helfen, mehr Souveränität zu erlangen.

Zusammenhänge können erkannt werden. „Da war ich trotzig, da habe ich mich zurückgezogen, dort habe ich meinen Ärger an anderen ausgelassen…". Das können Sie jetzt von außen beobachten wie ein Regisseur, der seinen eigenen Film betrachtet.

Wie reagieren andere auf mich?

Nun können Sie auch die Reaktionen anderer besser einordnen und verstehen. Das Kindische in Ihnen sendet „nonverbale Signale" aus. Signale, die andere – oft nur unbewusst – wahrgenommen haben. Doch diese Signale waren eben „kindisch" – die anderen haben entsprechend reagiert.

Es waren keine Reaktionen auf Ihre Gesamtpersönlichkeit. Es waren Reaktionen gegenüber dem verletzten Kindischen, das Sie „unter der Welle" ausgestrahlt haben wie z.B.: „Sei immer für mich da! Erfülle alle meine Bedürfnisse! Ohne dich kann ich nicht leben! Du bist schuld! Etc."

So können Sie die Reaktionen Ihrer Umwelt neu bewerten, einordnen und verstehen.

Hier kann es auch sehr hilfreich sein, mit einem ganzheitlich-seelsorglich geschulten Begleiter darüber zu reden. Ganzheitliche Annahme zu erfahren, ist besonders für Ozean-Seelen der erste Schritt, um sich selbst mit all seinen Schattenseiten und Monsterwellen wahr- und anzunehmen und dann erfolgreich „surfen" zu lernen.

Diese fünf Fragen sind die Grundlage für echte Selbstwahrnehmung, und wir können so objektiver erkennen, was sich abspielt, wenn wir unter eine Welle kommen.

Das Ziel dabei ist nicht, gar keine Monsterwellen mehr zu haben. Dies wäre ein unrealistisches Ziel, denn sie gehören zur Ozean-Seele genauso wie ihre wunderbaren Korallenriffe und Unterwasserschönheiten.

Haben die Monsterwellen jedoch vorher mehrere Wochen angedauert, verkürzen sie sich jetzt deutlich. Man spürt das Herannahen der Welle, aber die Angst davor wird immer geringer. Man weiß jetzt, wie man sie erfolgreich „durchsurfen" kann. Man wird immer noch nass werden. Keiner sitzt unter der Monsterwelle und hat Gefühle von Glück und Freude. Und doch wird mit der Zeit immer mehr Gelassenheit und Souveränität spürbar.

Auch Partner von Ozean-Seelen werden weniger irritiert vom Verhalten des anderen, zweifeln weniger oder stellen ihre eigenen Reaktionen in Frage, wenn sie um die Normalität dieser Wellen wissen.

Durch die wachsende Souveränität unter einer Welle wird auch die Leidkette unterbrochen, bei der Verletzungen, verbunden mit schmerzhaften Gefühlen, an anderen „abgeladen" werden, damit der eigene Schmerz weniger spürbar ist. Dies belastet auf Dauer die Beziehung, die seelische Intimität leidet und es führt immer weiter in eine „Abwärtsspirale".

Doch es gibt auch „Schätze" zu entdecken, denn die „Informationen" über die Urwunden können zur Heilung dienen: Wird beispielsweise die „Wunde des Verlassenseins oder des Verrats" spürbar, kann dies nicht nur zur Selbsterkenntnis dienen, sondern auch der Schlüssel für ganzheitliche Vergebungs- und Verletzungsarbeit sein. Die Erkenntnisse aus den Urwunden öffnen die Tür zur Weiterarbeit an der eigenen Persönlichkeit – immer mehr zu dem zu werden wie Gott jeden Einzelnen geplant hat!

In der Monsterwelle kommen immer wieder vergessene schmerzhafte Ereignisse und Verletzungen zu Tage. Sie stechen immer wieder in dieselben Urwunden. Diese können jedoch langsam abheilen, wenn die in der Gegenwart ausgelösten Verletzungen bearbeitet werden. Dadurch werden auch die Monsterwellen schwächer. Sowohl an Dauer, als auch an Intensität.

Wir identifizieren uns unter einer Welle – in der Regel – mit dem Kindischen in uns. Nun möchte ich der Vollständigkeit wegen noch weitere Aspekte beleuchten:

Wir identifizieren uns mit unserem eigenen Versagen

Hier ist die Unterscheidung zwischen „meinem sarx" und „meinem Sein" ganz wichtig: Nicht das Versagen aufgrund meiner Schattenseite macht „mein Sein" aus, sondern die Schattenseite und auch mein Versagen sind nur ein unangenehmer Teil meiner Persönlichkeit, der dazugehört. Ich habe es, aber ich bin es nicht! Ich habe da und dort versagt, aber ich bin kein Versager!
Empfehlung: AsB-Fach-Seminar: „Frei und stark – Wege zu innerer Stärke und gesunder Selbstachtung"

Wir identifizieren uns mit dem „inneren Ankläger"

Auch das ist ein nicht unbedeutender ganzheitlich seelsorglicher Aspekt.
Viele meinen, das Gewissen sei das direkte Instrument Gottes. Aber das stimmt nicht. Das Gewissen kann vom „Ankläger" – dem „Durcheinanderbringer" und dem Gegenspieler Gottes – auch missbraucht werden. Dadurch kann es seine gottgewollte Aufgabe nicht mehr erfüllen und wird destruktiv.

Das Gewissen eines Menschen wird auch immer durch die Umwelt, in der er lebt, geprägt. So kann es geschehen, dass es zu hart und einseitig geprägt wird: z.B. „Ein Christ darf nicht fernsehen" oder ähnliche Behauptungen und Gesetzlichkeiten. Diese „Fehlprägungen" nutzt „der Ankläger" für seine Zwecke.

Viele Christen leben unter der Sklaverei eines „schlechten Gewissens" – von „Freiheit in Christus" keine Spur. Diese Sklaverei raubt jede Menge Energie – tiefe Lebensfreude kann so kaum entstehen.

Monsterwellen können an der Tagesordnung sein, weil man sich mit dem „Ankläger" identifiziert, der jedoch ein Lügner ist.

Jesus Christus sagt: *„Wenn er die Lüge redet, so redet er aus seinem Eigenen, denn er ist ein Lügner und der Vater derselben." (Joh. 8,44 ELB)*

Empfehlung: AsB-Fach-Seminar: „Umgang mit dem Ankläger"

10 Punkte zum Umgang mit den Wellen

Zusammenfassend empfehle ich Ihnen:

1. Nehmen Sie die Wellen wahr und nehmen Sie diese als einen Teil ihrer facettenreichen Persönlichkeit an. Sie müssen sie nicht mehr verdrängen! Es gehört viel Bereitschaft und Mut dazu, diese schmerzhaften Gefühle wahr- und anzunehmen und nicht zu verdrängen!

2. Nach der obigen 5-Fragen-Übung entscheiden Sie sich bewusst dafür, auf diesen Wellen „surfen lernen" zu wollen. D.h. sie auszuhalten und nicht zu entfliehen!

3. Wo verspüren Sie körperlich die starken, unangenehmen, schmerzhaften Gefühle? Legen Sie Ihre Hand auf diese Körperstelle. Sie lokalisieren dadurch das schmerzhafte Gefühl, das sich immer auch über den Körper ausdrückt – dies kann Ihnen helfen, in der Emotion zu bleiben und diese in Ihrer Aufmerksamkeit zu halten, anstatt zu fliehen.

4. Nehmen Sie, nach dem Wahrnehmen und Halten ihrer Gefühle, nun auch Ihre Gedanken wahr! Wie realistisch sind Ihre damit zusammenhängenden Gedanken? Reflektieren Sie diese!

5. Beachten Sie auch körperliche Ursachen von Wellen: z.B. Erschöpfungszustände aufgrund von Schlafmangel, Überforderung oder ständiger seelischer Belastung.

6. Wurden „Urwunden" mit neuen Aspekten berührt? Oder handelte es sich einfach um bereits „Vernarbtes", das wieder aufgerissen wurde?

7. Setzen Sie sich mit den Ursachen auseinander und planen Sie gegebenenfalls ganzheitliche Verletzungsarbeit.

8. Beruhigen Sie Ihre „innere Persönlichkeit" und gehen Sie bitte liebevoll mit ihr um! Gerade auch das „verletzte Kindliche" in Ihnen, das kindisch geworden ist, benötigt Ihre annehmende und

wertschätzende Zuwendung! Nehmen Sie es mit wohlmeinenden Gedanken und Worten an der Hand und führen Sie es liebevoll zur Reife.

9. Stellen Sie sich selbst bitte auch die Frage: Was sind derzeit die wahren Bedürfnisse meines Herzens – wurden sie vernachlässigt?

10. Überlegen Sie, mit welcher verständnisvollen Person Sie sich darüber austauschen können. Wer nimmt Sie ganzheitlich mit allen ihren Schattenseiten und Monsterwellen an?

Das „Surfen" eröffnet neue Horizonte, wie auch unser jüngster Sohn Benjamin erfahren hat und selbst berichtet:

„Ich hatte vor vielen Gefühlen in meiner Seele Angst, konnte nicht einordnen, wie diese in mein "christliches Leben" passen und schämte mich dafür. Ich war unsicher und ängstlich. Für viele Gedanken verurteilte ich mich selbst, weil ich der Meinung war, ein Christ dürfe sich über so etwas keine Gedanken machen. So waren z.B. Selbstmordgedanken ein absolutes Tabu. Ich dachte oft, ich sei der einzige Mensch, der so empfindet.
Auch eine tiefe Sehnsucht in meiner Seele war immer da, ohne dass ich wusste, wie ich damit umgehen konnte. Ich behandelte die Wünsche und Sehnsüchte meiner eigenen Seele eher mit Geringschätzung, ärgerte mich über das störende Gefühlschaos, das mich manchmal überkam und hielt meine Seele für ein "Weichei", wenn Gefühle der Einsamkeit und des Schmerzes hochkamen. Das Wissen darum, dass meine Persönlichkeit facetten-

reich und nicht kompliziert, bewunderungswürdig und nicht zu verdammen, tatsächlich gut und nicht schlecht von Gott geschaffen ist, hat mir dabei geholfen, auf dem Weg der wahren Selbstliebe ein großes Stück weiterzukommen.

Der "Aha"-Effekt setzte ein und aus "meine Seele ist komisch, seltsam, falsch" wurde die tiefe Überzeugung, dass Gott mich einzigartig, mit Stürmen, Riffen und Quallen geschaffen hat und mehr noch - meine Seele SO liebt, wie sie ist!!

Seither gehe ich viel freundlicher und liebevoller mit meiner eigenen Seele um. Ich lerne mehr und mehr, dass ich zwar nicht alles verstehen, aber doch alles lieben lernen kann, was in meiner eignen Emotionalität geschieht. Ich bin selbstsicherer geworden und habe gelernt, auch mit "Monsterwellen" umzugehen. Auch wenn es manchmal schwierig und anstrengend ist ein Ozean zu sein - es bedeutet für mich auch LEBEN!! Ich bin Gott sehr dankbar, dass er mich als Ozean-Seele geschaffen hat.

Meine Seele als von Gott geschaffenen Ozean zu erkennen half mir dabei, meine Gefühle wahr und ernst zu nehmen. Die Sehnsüchte meiner Seele erhalten jetzt mehr Beachtung, und ich weiß, dass meine Seele kein "Weichei" ist, wenn sie Schmerzen hat, sondern sensibel, zerbrechlich und zart geschaffen.

Feinfühligkeit und Empathievermögen entspringen nun mal aus einer sensiblen Seele. In vielen Bereichen konnte ich so die Stärken entdecken, wo ich vorher Schwächen sah.

Es war für mich außerdem sehr befreiend zu erkennen, dass manche Selbstmordgedanken "normal" für eine Ozean-Seele sind. Wer den Schmerz der ganzen Welt fühlen kann und darüber trauert und wer sich in manchen

Momenten den Himmel herbeiwünscht, wen das Leid der Welt manchmal überrollt, der befindet sich in guter biblischer Gesellschaft mit anderen Ozeanen (z.B. König David, Elia...). Ich hatte keine Angst mehr davor, solche Gedanken auch zuzulassen und zu prüfen, woher sie kamen, d.h. wo die Verletzung dahintersteckt. Die Gefühls-Stürme meiner eigenen Seele habe ich gelernt zu akzeptieren. Zwar sind sie immer noch sehr unangenehm, manchmal auch nervig und störend, aber wie befreiend und wichtig ist doch der richtige Umgang damit!

Wenn ich jetzt einen Sturm habe, dann versuche ich hindurch zu surfen. Ich laufe nicht wie früher davor weg oder versuche, mich mit allem möglichen abzulenken, sondern ich sehe den geistlichen Kampf, der in und um meine eigene Seele herum stattfindet. Wenn ich mich bewusst mit den schmerzvollen Wellen auseinandersetze, entdecke ich inzwischen oft viele verborgene Schätze und Schönheiten!!

Hinter der Einsamkeit verbirgt sich eine tiefe Sehnsucht nach dem Himmel, die letztlich Frieden und Geborgenheit stiftet. Hinter schmerzlicher Sehnsucht entdecke ich eine tiefe Liebe zu Gott und eine große Freude über die naturgegebene, schöpferische Schönheit unseres Gottes. Durch den liebevolleren Umgang mit meiner eigenen Seele öffnet sich diese mir häufiger und gewährt mir Einblicke in ihre verborgene Schönheit.

Die Beziehung zu mir selbst wurde dadurch sehr gestärkt.

Seit ich weiß, dass meine Seele ein Ozean ist, bin ich dankbarer und mit mir selbst viel zufriedener."

Benjamin Nitsche, B.A. Soziale Arbeit und Religionspädagogik, Theologiestudent, Gießen

Wege der Enteisung bei einer „vereisten" Ozean-Seele

Damit ein Mensch zu einem Leben gemäß seinem Typus kommt, ist als Basis die Erkenntnis seines besonderen Seelentypus vonnöten.

Die eigene Ozean-Seele muss als solche zuerst voll und ganz angenommen werden. Normalerweise braucht so ein Mensch eine andere Ozean-Seele, die ihn an der Hand nimmt und ein Stück weit auf ihrem „Weg der Enteisung" begleitet.

Bei zunehmender zwischenmenschlicher Vertrautheit wird bald klar: Ein Meilenstein der Enteisung wird die ganzheitliche Verletzungsarbeit sein, über die wir schon gesprochen haben.

Beim dritten Schritt der Verletzungsarbeit geht es darum, die Lebenslügen zu entlarven; denn jede Verletzung hat eine Lügenbotschaft im Rucksack. Darf eine Ozean-Seele nicht so sein, wie sie geschaffen wurde, so ist dies auch eine Verletzung. Und die verbreitetste Lebenslüge bei einer Ozean-Seele lautet: „Du bist zu kompliziert!"

Mit dieser Lebenslüge lebt die Person und ist überzeugt, sie sei kompliziert und ihre Gegenwart sei unangenehm. Sie fühlt und denkt: „Ich nerve doch jeden, der näher mit mir zusammen ist... Wer will schon meine giftigen Quallen anschauen?!"

Hier bedarf es eines Reifungsprozesses, um aus dieser Lebenslüge heraus zu kommen.

Denn schon Paulus hielt unter anderem die Wirkung der Lebenslügen fest: *„Denn wir wollen dem Satan nicht in die Falle gehen. Schließlich wissen wir genau, was seine Absichten sind!" (2. Kor. 2,11 SLT)*

Die Bibel sagt, dass Satan der „Vater der Lüge" ist.[24.] Wenn durch Verletzungen verschiedene Lebenslügen in unser Leben kommen, steht – geistlich gesehen – stets eine übernatürliche und böse Macht bzw. ein Plan Satans dahinter. Je mehr Lebenslügen wir glauben, desto blockierter sind wir auf unserem Lebensweg.

Deshalb heißt es bei der ganzheitlichen Verletzungsarbeit auch, nicht nur den Stachel anzuschauen und ihn in die Wunde Jesu zu legen, sondern auch die Lebenslügen zu entlarven und sie durch Wahrheit zu ersetzen.

„Dein Wort ist Wahrheit." (Joh. 17,18 ELB) Daher sollten diese Lügen durch die Wahrheit des Wortes Gottes ersetzt werden. Das ist ein Reifungsprozess, in den jeder Christ gestellt ist. Er sollte stets Gottes Wahrheit an sich wirken lassen.

Die christlichen Kirchen und Gemeinden haben den Auftrag, die Wahrheit des Wortes Gottes den Gläubigen näherzubringen, damit sie nicht den Lügen Satans glauben.

Die Erfüllung dieses Auftrags ist der beste Schutz und die beste Therapie gegen Lebenslügen. Vor allem dürfen sie die Lebenslügen bei den Gläubigen nicht noch verstärken, so wie es leider manchmal geschieht.

Beim Enteisungs-Prozess kommen oft Gefühle von Wut und Aggression auf, die besonders auch gegen die eigenen Eltern gerichtet sein können. Dies kann bei Christen zu großen Spannungen führen, widerspricht es doch scheinbar auf den ersten Blick dem Gebot, die Eltern zu ehren. Deshalb scheuen sich auch manche, in den Enteisungs-Prozess hinein zu gehen. Doch auch hier gilt: Aggressions-Gefühle sind moralisch neutral und keine Sünde! – Wir dürfen nur nicht dabei stehen bleiben! (Empfehlung: AsB-Basiskurs „Geheimnisse unserer Emotionalität" – siehe Anhang.)

Auch in diesen Situationen hilft die Verletzungsarbeit sehr. Hier ist vor allem wichtig, dass sie vor der Vergebungsarbeit geschieht.

Im Enteisungs-Prozess meldet sich meistens auch das „sarx" sehr heftig. Plötzlich merkt die Ozean-Seele, dass sie doch zu jeder Schandtat bereit ist. Da kommen Gefühle, Gedanken und Reaktionen hervor, von denen man früher dachte, die könnten einem nicht passieren. Das ist gut so, denn dadurch werden hilfreiche Informationen geliefert, um mit dem „sarx" besser umgehen zu können.

Wenn man jedoch bei der Vereisung stehen bleibt, verdrängt man auch die „Monsterwellen". Diese dürfen gar nicht hochkommen. Doch lasse ich diese erst gar nicht zu, zerstöre ich zum einen den Wegweiser, der mich zu den Urwunden führen würde, die noch verarbeitet werden sollten.
Zum anderen benötigt das Zudecken von „hohen Wellen" enorm viel Energie. Menschen, die das tun, werden mit der Zeit sehr erschöpft sein.

Es ist, als ob ein Handwerker mit einer stumpfen Säge Holz sägt und sagt: „Ich habe keine Zeit die Säge zu schärfen, weil ich Holz sägen muss!" Mit der Zeit wird er immer kraftloser.

Diese Leute sagen dann: „Ich funktioniere eben, aber ich lebe nicht wirklich."
Sie erfüllen ihre Pflicht gegenüber der Familie, gegenüber der Gemeinde und gegenüber Gott. Wie ein Roboter.

Aber es dürfte klar sein, dass dies nicht das ist, was Jesus meint, wenn er sagt, dass er gekommen sei, *„um überfließendes Leben zu bringen." (Joh. 10,10 ELB)*

Also dient auch die Monsterwelle zum Besten auf dem Weg zu einer souveränen Ganzheitlichkeit, bis hin zum „holokleros." Die Monsterwelle, die man eigentlich „weghaben wollte", wird zu einem Instrument, um in tiefere Gemeinschaft mit Gott und mit sich selbst zu kommen. Man versteht seine eigene Seele immer besser.

Bei der Monsterwelle kann man das Verletzte bzw. das Kindische in sich zwar nicht ausschalten, aber man kann lernen, das Kindische liebevoll an der Hand zu nehmen, um es schließlich zur Reife zu führen.

Es wäre ja auch eine schlechte pädagogische Maßnahme, ein kindisches Kind immer nur zurechtzuweisen oder gar zu verprügeln (was grundsätzlich bei einer christlichen Erziehung ausgeschlossen sein sollte!). Wird es dagegen liebevoll an der Hand genommen, kann es so zur Reife geführt werden. Die ganzheitliche Annahme bleibt dabei immer das Fundament.

Meist bemerken zuerst die Menschen, die mir nahestehen, meine eigenen kindischen Phasen. Denn das Kindische in uns sendet stets nonverbale Signale aus, mit denen es andere manipulieren will. Manipulation ist der Ausdruck von kindischem Verhalten.
Wie auch verschiedenste Formen von Neid, Missgunst und Eifersucht.

Paulus sagt: *„Milch habe ich euch gegeben, keine feste Nahrung, weil ihr die noch nicht vertragen konntet. Selbst heute könnt ihr sie noch nicht vertragen, denn ihr lasst euch immer noch von eurer eigenen Natur bestimmen. Oder wird euer Leben etwa vom Geist Gottes regiert, solange noch Rivalität und Streit unter euch herrschen? Beweist ein solches Verhalten nicht vielmehr, dass ihr euch nach dem richtet, was unter den Menschen üblich ist?"* (1. Kor. 3,2+3 SLT)

Dazu ein weiterer persönlicher Bericht:
„Beim Profil der Ozean-Seele habe ich mich voll wiedergefunden. Das hat mir gezeigt, dass ich doch „normal" bin und die Diagnose „manisch- depressiv" gar nicht zutrifft, was sich inzwischen auch bestätigt hat.
Oft hatte ich Angst davor, einfach als depressiv abgestempelt zu werden, oder Depressionen wirklich hilflos ausgeliefert zu sein. Allein das Wissen, dass dieser Menschentypus natürlicherweise extrem krasse Stimmungsschwankungen haben kann, was für ihn völlig normal ist, war bereits sehr hilfreich.

Ermutigend war auch, zu erkennen, dass es nicht ungeistlich ist oder an mangelnder geistlicher Reife liegt, wenn man nicht immer ausgeglichen bzw. stets gleich „gut drauf" ist. Ferner erlebte ich in zwischenmenschlichen Beziehungen, wie förderlich es ist, zu wissen, dass viele Bergsee-Seelen einfach nicht so tief nachempfinden können wie ich. Somit stempelt man sie nicht mehr als oberflächlich ab. Sie sind nur anders, mit einer anderen Persönlichkeitsstruktur.

Im Wesentlichen profitierte ich von der Lehre über die Ozean-Seele, dass ich jetzt in einem guten Lernprozess stehe, mich so anzunehmen, wie Gott mich gemacht hat. Und ich weiß, dass auch mein Typus gute Eigenschaften und viele Vorteile besitzt. Man muss nur lernen, diese richtig einzusetzen. Ich lernte darüber hinaus den Grund zu verstehen, warum sich meine Ozean-Seele bisher so stark von äußeren Umständen hat beeinflussen und leiten lassen. Weil eine Ozean-Seele nämlich stark ausgeprägte intuitive Antennen besitzt. Es ist so befreiend, richtig mit den nonverbalen Signalen umgehen zu lernen, die man sehr intensiv aus der Umgebung empfängt.

Früher war ich in meiner Wahrnehmung sehr von meiner Seele abgeschottet. Wegen häufiger kindischer Reaktionen, die ich selbst nicht einordnen konnte, habe ich mich oft selbst verdammt oder fertiggemacht. Ja, ich litt unter Selbsthass. Auch habe ich mich sehr oft unverstanden und einsam gefühlt; konnte und wollte meine Seele nicht öffnen, meine Persönlichkeit nicht annehmen und habe meistens alle unangenehmen und schlechten Gefühle unterdrückt (z.B. Aggressionen). Stattdessen versuchte ich, ein frommes Leben darzustellen.

Jahrelang war ich tatsächlich nicht ich selber. Heute weiß ich, dass z.B. kindische Reaktionen von mir selbst ausgehen und mit Defiziten bzw. inneren Verletzungen zusammenhängen, die ich aber verarbeiten und in einen Heilungsprozess führen kann. Immer noch erlebe ich große Monsterwellen, und es fällt mir noch etwas schwer, mit ihnen umzugehen. Aber ich merke auch bereits die Erfolge dieses Lernprozesses!

Auch versuche ich, Gefühle wahrzunehmen und zuzulassen, um mich nicht mehr selbst zu verdammen. Langsam aber sicher werde ich wieder ich selber. Sehr hilfreich ist auch das Lernen, einen tieferen Kontakt mit meiner Inneren Persönlichkeit aufzunehmen und liebevoller (und daher gottgewollt) mit ihr umzugehen, um auch auf sie zu hören.

Das hilft mir auch, den Willen Gottes besser zu erkennen und zu verstehen.

Durch eine gute „shoshbin"-Freundschaft, in der ich eine völlig „offene Seele" leben kann und meine Ozean-Seele liebevoll gespiegelt wird, fühle ich mich immer mehr verstanden, nicht mehr so „verrückt", sondern angenommen, wertgeschätzt und die innere Einsamkeit schwindet."

Luisa Miller, Krankenschwester, Freudenstadt

Kapitel 8

Fehlprägungen und Aufgabenstellungen

Wenn wir unbefangen kindlich leben, „ganzheitlich" (*holoklerisch*), werden wir am meisten unserem ursprünglichen Typus gemäß leben. Neben seelischen Verletzungen, die uns „vereisen" oder „verlanden" lassen, spielt auch das familiäre Umfeld eine große Rolle dabei, „verbogen" zu leben.

Wenn wir uns diese Aspekte anschauen, dann nicht, um „Schuldige" zu suchen! Ganz im Gegenteil: Nur so können wir unsere Prägungen besser annehmen und verstehen – und uns aufmachen, souveräner zu werden. Wir beschäftigen uns also auch hier, wie bei der ganzheitlichen Verletzungsarbeit, mit der Vergangenheit, um sie abschließen und befreit in der Gegenwart weiterwachsen zu können.

Es geht also nicht darum, Schuldige zu suchen (z.B. die Eltern), sondern aus der Opferrolle herauszukommen. Es gibt keine perfekten Eltern, alle haben Fehler bei der Erziehung ihrer Kinder gemacht. Auch meine Frau und ich sind an unseren Kindern schuldig geworden und haben Fehler gemacht, obwohl wir das nie in bewusster Absicht taten und stets das Beste für sie wollten.

Aber es hilft zu sehen, wie Kindheitserfahrungen eine tiefe Prägung in uns geschaffen haben, die wir aber annehmen und verarbeiten können. Auch wenn Eltern uns eine Fehlprägung vermittelt haben: Bleiben wir nicht dabei stehen, die Schuld bei ihnen zu suchen, obwohl sie tatsächlich schuldig geworden sind, und machen wir sie nicht zu „Sündenböcken" unseres Lebens – denn wer nicht vergeben (im Sinne von „abgeben") kann, bleibt in der „Opferrolle" gefangen.

„Unsere frühen Lebensumstände, unsere Eltern und alle, die zu unserer Prägung beigetragen haben, sind nicht schuld an unseren Problemen. Sie haben uns lediglich eine Aufgabenstellung serviert, die wir zu lösen haben. Schuld sind nur wir, wenn wir die Lösung nicht anpacken."[25]

Hier wollen wir besonders die Auswirkungen des Vaterbildes auf das Selbstbild von Ozean-Seelen betrachten. Dieses Prinzip kann natürlich genauso auch auf Bergsee-Seelen, Mittelmeer-Seelen usw. übertragen werden.

Das Entstehen dieses Selbstbildes geht Hand in Hand mit der Entstehung eines – verzerrten – Gottesbildes. Denn Gottesbild und Selbstbild prägen einander. Und es kann zu einem „Kreislauf sich gegenseitig anspornender Fehlprägungen" kommen.

Bei den folgenden Ausführungen habe ich etliche Gedanken aus dem Buch „Gottesbilder. Wie sie krank machen – wie sie heilen" des Pastoralpsychologen Dr. Karl Frielingsdorf[26] und aus dem Artikel „Der wahre Gott ist anders" von Andrea Stein[27] mit verwendet.

Beide Publikationen zeigen in eindrücklicher Weise die Zusammenhänge von fehlgeprägten Gottesbildern durch die entsprechenden Vaterbilder und deren Auswirkungen auf unser Leben.

Vater-, Gottes- und Selbstbilder

So wie wir als Kind unseren Vater erlebt haben, so wird meist unbewusst unser Selbstbild und auch unser Gottesbild geprägt. Ein durch das Vaterbild fehlgeprägtes Selbstbild kann durch ein – dadurch fehlgeprägtes – Gottesbild immer stärker beeinflusst werden.

Alle drei Bilder prägen sich also gegenseitig, was zu einem wahren Teufelskreis von Fehlprägungen, Fehlwahrnehmungen und Fehlbeurteilungen führen kann.

Darin ist auch oftmals die Ursache zu suchen, dass viele Menschen mit Gott gar nichts zu tun haben wollen, obwohl sie ahnen oder spüren, „dass es etwas Höheres geben muss".

„Krank machende Götzen und dämonische Gottesbilder entstehen vor allem, wenn das Gottesbild einseitig ist: Ein Teilaspekt wird verabsolutiert, wird für das Ganze gehalten."[28]

„Den Stachel anschauen", so wie wir es beim Thema „Verletzungsarbeit" betrachtet haben, gehört auch hier her: z.B. den Vater-Mangel wahrnehmen und die daraus entstandenen Defizite und Lügensätze anschauen und durch Gottes Wahrheit ersetzen.

Dabei wollen wir das fehlgeprägte Vaterbild – das zwangsweise zu einem fehlgeprägten Gottesbild führt und gemeinsam unser Selbstbild immer weiter fehlprägt – dem biblischen Gottesbild gegenüberstellen. Durch dieses Erkennen der Zusammenhänge von Vater- und Selbstbild, durch „ganzheitliche Verletzungsarbeit" der Vater-Defizite und das Annehmen eines gesunden Gottesbildes kann dann das fehlgeprägte Selbstbild einer Ozean-Seele positiv verändert werden.

1. Lob der Leistung statt der Person

Gerade ein „ozeanisches" Kind löst bei Eltern häufig Irritationen aus. Sie lieben ihr Kind und können es dennoch nicht erfassen.

Nun besteht die Gefahr, dass die Eltern, die ihr Kind ja richtigerweise loben und fördern wollen – verunsichert durch diese facettenreiche Persönlichkeit – vor allem nur seine Leistungen loben und nicht die Person selbst. Dadurch fühlt sich das Kind jedoch nicht um seiner selbst willen, sondern nur aufgrund seiner guten Leistungen geliebt.

Die guten Schulnoten, der Sieg beim Fußballspiel, das gelungene Vorspiel in der Musikschule – alles das erfährt eine besondere Belobigung. Die Botschaft dahinter, durch die das Kind geprägt wird, lautet: Wenn ich Erfolg habe, gute Leistungen bringe, dann bin ich gut, willkommen und angenommen.

Diese Prägung kann dazu führen, dass sich dieser Mensch dann auch im Erwachsenenalter vor allem über seine Leistungen definiert und darauf sein ganzes Leben ausrichtet.

Dabei besteht eine starke Verdrängungsgefahr der „unkontrollierbaren" Emotionen eines bewegten Ozeans. Man nimmt unbewusst die „Wellen" wie auch die gesamte „Tiefsee-Welt" als Hindernis für ein „erfolgreiches Leben" wahr – und spaltet sie ab. Der Sieger und

Erfolgreiche wird schließlich anerkannt und gelobt – nicht der Verlierer!

Auch christliche Dienste sind davon nicht ausgeschlossen. Die eigene Gemeinde muss (zahlenmäßig) wachsen. Dafür wird ganzer Einsatz gezeigt, der oft auch von anderen erwartet wird – Lob und Anerkennung braucht man unbedingt, dafür wird alles getan bis hin zur Selbstaufgabe.

Die stürmischen und aufbrausenden Facetten des Ozeans werden dabei nicht zugelassen, nur was den Erfolg fördert, darf an die Oberfläche kommen. Dadurch wird die Gesamtpersönlichkeit stark verschoben.

Der „kleine Schauspieler" wächst und gedeiht auf diesem Nährboden besonders gut. Daher finden wir in diesem Umfeld besonders viele „vereiste" Ozean-Seelen. Sie schlüpfen in diese Rolle und „funktionieren", um ihre Ziele erreichen zu können. Dass man dabei aber nicht mehr wirklich und authentisch lebt, sich oft selbst betrügt, wird gar nicht mehr wahrgenommen.

Das Verlangen nach Wahrhaftigkeit und Tiefe geht verloren – nicht, weil es grundsätzlich nicht vorhanden wäre, sondern weil es abgewürgt wurde aus Angst, sich selbst zu entlarven und seine „Funktionstüchtigkeit" zu verlieren.

Stellen wir nun dieses Vaterbild dem biblischen Gottesbild gegenüber:

Der leistungsorientierte Vater
– der schenkende Gott

Der leistungsorientierte Vater macht seine Liebe von der Leistung seines Kindes abhängig. Annahme, Wertschätzung, Bestätigung und vor allem ausgedrückte Zuneigung sind an gutes Verhalten und erfolgreiche Leistungen geknüpft. Die erwartete Leistung kann sich auf alle Lebensbereiche erstrecken wie Sport, Schule, Aussehen, Berufswahl, Frömmigkeit usw.

Gordon Dalbey schreibt in seinem Buch „Fathers and Sons" über eine solch leistungsorientierte Beziehung: „Traurigerweise hat der Durchschnittsmensch von heute Gesetzlichkeit statt Barmherzigkeit gelernt. „Tu, was ich dir sage, dann werde ich dich lieben", hatte er selbst im Wesentlichen gehört, als er aufwuchs. Er hat nicht erlebt, wie sein Vater Barmherzigkeit vorlebt, indem er seinem Sohn dessen Fehler vergab oder indem er seinen Sohn um Vergebung für seine eigenen Fehler bittet. Auf diese Weise wuchs der Sohn in einer Angst vor dem Versagen auf, die er mit dem Verlust der Beziehung zu seinem Vater gleichsetzte."[29]

Christen mit diesem Vaterbild nehmen Gott als jemand wahr, der zuerst hervorragende Leistungen verlangt, um dann erst als Belohnung Liebe zu geben. Das tiefe Verlangen nach Liebe treibt sie dann oft in den religiösen Leistungszwang.

Nach einem Seminar in Berlin sprach ich mit einer Krankenschwester, die meinte, Gott habe sie verlassen, um sie zu bestrafen. Sie gestand mir, dass sie viel betete und auch zu Gottesdiensten ging. Doch inzwischen würde sie immer mehr resignieren, denn dies alles würde wohl nicht reichen, um den Erwartungen Gottes zu genügen.

Auf meine Frage nach ihrem Vater berichtete sie, dass er inzwischen verstorben sei. Doch sie konnte sich noch gut daran erinnern, dass er ihr und ihren Geschwistern gegenüber sehr hohe Anforderungen stellte – nicht nur schulisch, sondern auch in religiösen Dingen. An eine durch Berührungen ausgedrückte Zuneigung wie Umarmungen und andere Zeichen seiner liebevollen Nähe konnte sie sich nicht erinnern.

Kein Wunder, dass sich diese Krankenschwester mühsam durch den Alltag quälte und davon überzeugt war, dass weder Gott noch Mitmenschen sie wichtig, liebenswürdig oder wertvoll finden konnten.

Später erreichte mich eine Mail von ihr: „Nachdem ich die DvDs vom Basiskurs für ganzheitliche Seelsorge per Fernkurs angeschaut und verinnerlicht hatte, fühlte ich mich, als würden langjährige Kerkermauern, hinter denen ich vegetierte, zusammenfallen wie die Mauern von Jericho. Nun habe ich eine neue Perspektive und bin ermutigt, diesen neuen Weg zu gehen…"

Christen mit dieser „Leistungs-Fehlprägung" geben der Leistung tatsächlich oberste Priorität in ihrem Leben. Sie investieren unendlich viel Zeit, Kraft und Energie, um sich endlich geliebt zu fühlen.

Dieser Leistungsgott erscheint als unersättliches Ungeheuer, dessen Erwartungshunger nie gestillt werden kann. Er ist ein ausbeuterischer Gott, der seine Nachfolger aussaugt wie ein Vampir seine Opfer.

Solche Menschen brauchen ein gesundes Gottesbild: Sie müssen erfahren, dass Gott sie liebt, nur um ihrer selbst willen und nicht wegen ihrer Leistung. Er wendet sich auch nicht ab oder ist enttäuscht, wenn eine bestimmte Erwartung oder Leistung nicht erfüllt wird. Denn Gott täuscht sich nie, deshalb ist er auch nie ent-täuscht – nein, wir selbst sind es, die wir uns zu diesen Leistungen antreiben. Aus Gottes Sicht sind wir viel mehr als unsere Leistung, viel wertvoller und kostbarer. Unser „Sein" ist das, was von Gott gewollt ist. Und dieses Sein gilt es zu entdecken und zu erleben.

Der schenkende Gott

Jesus war nicht getrieben von Erfolg und Leistung. Er war frei von Menschengefälligkeit und alles, was Jesus auf dieser Erde tat, war geboren aus der Liebesbeziehung zum „ABBA-Vater"… „ABBA" ist eine sehr kindlich-vertraute Bezeichnung für den Vater. Ähnlich wie „Papa", „Paps" oder „Vati".

Um diesen wahren „schenkenden Gott" kennen zu lernen müssen wir die Haltung von „Empfangenden" einnehmen.

In *Luk. 10,38-42 (LUT)* wird uns Folgendes berichtet:
„Als Jesus mit seinen Jüngern weiterzog, kam er in ein Dorf, wo ihn eine Frau mit Namen Martha in ihr Haus einlud. Sie hatte eine Schwester, die Maria hieß. Maria

*setzte sich dem Herrn zu Füßen und hörte ihm zu.
Martha hingegen machte sich viel Arbeit, um für das
Wohl ihrer Gäste zu sorgen. Schließlich stellte sie sich
vor Jesus hin und sagte: »Herr, findest du es richtig,
dass meine Schwester mich die ganze Arbeit allein tun
lässt? Sag ihr doch, sie soll mir helfen!« – »Martha,
Martha«, erwiderte der Herr, »du bist wegen so vielem
in Sorge und Unruhe, aber notwendig ist nur eines. Maria hat das Bessere gewählt, und das soll ihr nicht genommen werden.«*

Klarer kann man es wohl nicht verdeutlichen, was dem
Wesen Gottes entspricht: nicht Leistung, sondern das
Sein und liebevolle Beziehung. Maria suchte in erster Linie die Gemeinschaft mit Jesus. Sie saß zu seinen Füßen,
hörte zu, sie war einfach Empfangende und Beschenkte.

Bedeutet das nicht auch, dass sich leistungsgeprägte
Ozean-Seelen bewusst Zeit nehmen sollten für Beziehungen, das Ausleben ihrer Kreativität, Ruhe und Besin-
nung? Für das, was ihrer Seele guttut und nicht nur „effektiv und gewinnbringend" ist? Sich bewusst Oasen
schaffen, wo eben keine Leistung verlangt wird?

Auch im „geistlichen Dienst" liegt das Wachsen und
Fruchtbringen allein in der Hand Gottes – wir können es
nur fördern oder behindern.

Kürzlich kam mir das Buch von Tomas Sjödin in die
Hand: „Wieso Ruhe unsere Rettung ist".[30]
Als extreme Ozean-Seele habe ich keinen emotionalen
Zugang zu Geboten und Gesetzen. Das Sabbat-Gebot
war mir immer suspekt, und ich war froh, dass es im

Neuen Testament von Jesus nicht verfeinert wiederholt wurde, wie viele andere Gebote, die Mose von Gott bekommen hatte.

Doch ich muss ehrlich zugeben, dass mir beim Lesen dieser Lektüre ein großes Licht aufging: welche Schönheit, welch göttliches Wohlwollen darin zum Ausdruck kommt, dass wir aufgefordert werden, an einem Tag in der Woche alle Leistung ruhen zu lassen. Die Schöpfung, das Erschaffene und das Schaffende werden in die Hand des Schöpfers zurückgelegt. Wir sind dann nur Empfangende, Genießende und Ruhende...

Interessant ist auch noch die Bemerkung, wie das Gottes-Geschenk der Sabbat-Ruhe zerstört wird:
a) Durch Nicht-Beachtung (verständlich!)
b) Durch Gesetzlichkeit! (vgl. auch die Erklärung Jesu in *Mk. 2,27 (LUT): „Der Sabbat ist für den Menschen geschaffen, nicht der Mensch für den Sabbat!"*)

Meine Abneigung gegen das Sabbat-Gebot war entstanden, weil ich bisher (außer in Israel selbst) meist die gesetzliche und penible Form desselben kennengelernt hatte.

„Darin besteht die Liebe — nicht, dass wir Gott geliebt haben, sondern dass er uns geliebt hat und seinen Sohn gesandt hat als Sühnopfer für unsere Sünden." (1.Joh. 4,10 ELB)

Das ist die wahrlich „schenkende Liebe", die nicht zuerst unsere Leistungen voraussetzt!

In unseren Ehering haben meine Frau und ich vor über 40 Jahren „1. Joh. 4,19" eingravieren lassen. Dort steht: *„Wir lieben, weil er uns zuerst geliebt hat."*

Wiederum wird nicht die eigene Leistung vorausgesetzt! Das ist die schenkende Liebe Gottes.

Einen anderen biblischen Hinweis für die schenkende Liebe Gottes finden wir in Offenbarung 2:
Hier wird die Gemeinde in Ephesus zwar für ihren Einsatz, ihre Ausdauer und ihre Wachsamkeit gegenüber Irrlehrern gelobt, doch auch getadelt und zur Umkehr aufgerufen, weil sie die „erste Liebe" verlassen hat. Also genau jene Liebe, die zuerst empfängt – wie es ein Säugling tut! Denn ein Baby kann noch keine eigene Leistung bringen und nichts zurückgeben – es ist ein empfangender Mensch, der sein kindliches Vertrauen ganz auf die gebende und schenkende Liebe seiner Fürsorger ausrichtet.
Es kann keine Liebe aus sich selbst hervorbringen – es kann nur das reflektieren, was es von seinen Eltern empfängt.

Der Mond reflektiert das Sonnenlicht. Er scheint nicht aus sich selbst heraus. Auch die Erde reflektiert nur. Wenn wir uns gegenseitig z.B. in Beziehungen zur Sonne machen, dann wird es immer dunkler.

Die „erste Liebe" verlieren bedeutet, das kindliche „Sich-Beschenken-Lassen" zu verlieren; bedeutet, die Quelle zu verlassen und sich immer mehr auf die Ebene des Tuns und der eigenen Leistung zu begeben.

Die Christen in Ephesus kämpften mit Einsatz- und Leidensbereitschaft. Das Gemeindeleben funktionierte gut. Ihr Problem lag nicht auf der Seite der Leistung, sondern auf der Seite der Beziehung; nicht auf der Seite des Gebens, sondern des Empfangens!

Unsere Herzensbeziehung zu ihm ist Gott wichtiger als unser Dienst und unser Tun!
Wir sollten aus derselben Quelle leben wie Jesus: Seine Lebensquelle war die Liebe des Vaters.

In *Mt 11,25 (SLT)* dankt Jesus dem Vater, dass er *„dies vor den Weisen und Klugen verborgen und es den Unmündigen geoffenbart"* hat.
Nur Herzenserkenntnis lässt uns dieses Geheimnis verstehen. Eine verstandesmäßige Einsicht genügt nicht.

„Denn ihr habt nicht einen knechtischen Geist empfangen, dass ihr euch abermals fürchten müsstet; sondern ihr habt einen kindlichen Geist empfangen, durch den wir rufen: Abba, lieber Vater!" (Röm. 8,15 LUT)

Hier wird eine weitere Auswirkung einer leistungsorientierten Prägung erwähnt: Knechtschaft!
Und Knechtschaft geht in der Praxis immer mit Angst Hand in Hand: Angst vor Ablehnung, vor Versagen, davor, Fehler zu machen, vor Bestrafung und Furcht, den Ansprüchen nicht zu genügen.

Dagegen erklärt Johannes:
„Furcht ist nicht in der Liebe, sondern die vollkommene Liebe treibt die Furcht aus." (1. Joh. 4,18 ELB)
Leistung kann das dagegen nicht!

2. Überwachend und gesetzlich

Die Unzufriedenheit über das Kind wird zum Ausdruck gebracht; es wird durch den mahnenden und erhobenen Zeigefinger im Alltagsgeschehen verfolgt. Gute Leistungen werden als selbstverständlich betrachtet und nicht besonders gelobt wie im vorhergehenden Fall. Ehrliches Lob und Anerkennung sind eher selten.

So wie es im Schwäbischen heißt: „Nix gsagt isch globt gnug." (Für Nicht-Schwaben: „Nichts gesagt ist gelobt genug.")

Da sich aber ein Kind nach der Zuwendung der Eltern sehnt, strengt es sich auch ganz besonders an. Es will die Erwartungen der Eltern erfüllen und sich ihre Liebe verdienen und deshalb alles „gut" und „richtig" machen.

Auch das Gottesbild ist in diesem Sinn geprägt. Als Christ muss man es „richtig machen". Von besonderem Interesse ist daher, was „richtig" und was „falsch" ist. Man merkt jedoch nicht, dass man hier in dieselbe Falle tappt wie bereits Adam und Eva, die selbst die Entscheidungsgewalt erringen wollten, zu „wissen, was gut und böse" ist.

So üben die menschlichen Gesetze der Pharisäer bis heute einen besonderen Reiz aus: Noch detaillierter, noch genauer, noch lastenreicher wird das angeboten, was man tun muss, um „richtig" leben und glauben zu können.

Die Gefahr besteht in der übersteigerten Selbstkontrolle, dem Hang, sich „moralisch überlegen" zu fühlen, sowie der Angst davor, sich zu einem Leben mit den manchmal schwer zu erfassenden Prinzipien leidenschaftlicher Liebesbeziehung zu Gott. zu anderen und zu sich selbst zu entschließen.

Oftmals sind diese Menschen durch ein zu enges Gewissen – einem nicht „am Wort Gottes geschulten" Gewissen – geprägt, mit der Furcht, von diesem verklagt zu werden. Der „Ankläger" – der Gegenspieler Gottes – übernimmt die Kontrolle mit deprimierender Gewalt. (Vgl. das Fachseminar „Umgang mit dem Ankläger")

Durch ihre außergewöhnliche Tiefe sind gerade Ozean-Seelen hier besonders anfällig. Sie können die Stimme des „Anklägers" nicht einfach abtun. Das wäre für sie zu oberflächlich und würde ein belastendes Gefühl des fehlenden Tiefgangs hervorrufen.

Besonders häufig ist dies bei strenger religiöser Erziehung zu finden!
Innere Stimmen herrschen vor, die ständig verurteilen und eine echte „Selbstliebe" (= die wahren Bedürfnisse, die der Schöpfer selbst ins Herz gelegt hat, zu erforschen und zu stillen suchen. Vgl. Basis-Seminar „Geheimnisse erfolgreicher Beziehungen") verhindern. „Mit Danksagung zu genießen" (1. Tim. 4,4) wird als unsinnig und kontraproduktiv empfunden.

Von der eigenen Unvollkommenheit enttäuscht, sind diese Ozean-Seelen aber auch schnell von anderen enttäuscht, wenn deren Fehler und Unvollkommenheiten sichtbar werden.

Der überwachende, gesetzliche Vater – der gute Hirte

Dieses falsche Gottesbild einer bedrohlichen Überwachungsinstanz („big brother is watching you") wird oft auch in christlichen Gemeinden gefördert, so dass schon in der Kinderstunde das Bild eines moralisierenden Wachhundes oder eines allwissenden, perfektionistischen Gesetzeshüters entsteht.

In einem Kinderlied heißt es: „Pass auf, kleines Auge, was du siehst, denn der Vater in dem Himmel schaut herab auf dich, drum pass auf, kleines Auge, was du siehst…" und so werden verschiedene Körperteile nacheinander aufgezählt: „Pass auf, kleine Hand, was du tust…, pass auf, kleiner Mund, was du sprichst…, pass auf kleiner Fuß, wohin du gehst…, denn der Vater in dem Himmel schaut herab auf dich, drum pass auf…"

Psalm 33,18 zeigt das Gegenteil: dass nämlich der Vater im Himmel voller Güte auf uns schaut.

Stattdessen wird dem Kind suggeriert: Gott sieht deine Sünden, auch wenn sie kein Mensch sieht – und er wird dich dafür bestrafen…

Oder es wird die Suggestiv-Frage gestellt: „Was wird Gott wohl dazu sagen? Würde ihm das gefallen, was du tust?" – Dies hat zur Folge, dass sich das Kind selbst richten muss, nach seinem eigenen Ermessen. So wird es manipuliert, „richtiges Verhalten" zu lernen, um Gott und seine Eltern nicht zu enttäuschen.

Folgende Geschichte, die sinngemäß Dr. Frielingsdorf erzählt, zeigt die kindliche Reaktion eines kleinen Mädchens:

Die kleine Lydia war in der Küche auf einen Stuhl geklettert und hatte süße Plätzchen vom Schrank genommen und zwei davon gegessen.
Doch dann wird sie von der Mutter zur Rede gestellt:
„Aber Lydia, weißt du denn nicht, dass der liebe Gott dich immer sieht und alles beobachtet, was du tust?!"
„Ja, Mama, das weiß ich."
„Dann ist dir ja auch klar, dass er dich eben in der Küche gesehen hat?!"
„Ja, klar hat er mich gesehen."
„Und was hat er wohl gesagt, als er sehen musste, wie du genascht hast?"
„Hm, ich glaub, er hat gesagt: Meine liebe Lydia, du und ich, wir sind gerade ganz allein hier in der Küche; nimm ruhig zwei Plätzchen..."

Wie unbefangen und herzerfrischend doch ein Kind sein kann!
Der gesetzliche und überwachende Ab-Gott dagegen legt seine Finger immer neu auf nicht erfüllte Forderungen...
Seine Herde wird durch Angst, Zwang und Kontrolle zusammengehalten.

Durch dieses falsche Gottesbild fehlgeprägte Ozean-Seelen können sogar den Anfang von *Psalm 139, 1- 18 (ELB)* aus dieser Perspektive lesen – durch die Brille eines überwachenden Gottes:

„Herr, du erforschst mich und kennst mich!

Ich sitze oder stehe auf, so weißt du es; du verstehst meine Gedanken von ferne.

Du beobachtest mich, ob ich gehe oder liege, und bist vertraut mit allen meinen Wegen; ja, es ist kein Wort auf meiner Zunge, das du, Herr, nicht völlig wüsstest. Von allen Seiten umgibst du mich und hältst deine Hand über mir. Diese Erkenntnis ist mir zu wunderbar, zu hoch, als dass ich sie fassen könnte!

Wo sollte ich hingehen vor deinem Geist, und wo sollte ich hinfliehen vor deinem Angesicht?

Stiege ich hinauf zum Himmel, so bist du da; machte ich das Totenreich zu meinem Lager, siehe, so bist du auch da! Nähme ich Flügel der Morgenröte und ließe mich nieder am äußersten Ende des Meeres, so würde auch dort deine Hand mich führen und deine Rechte mich halten!

Spräche ich: »Finsternis soll mich bedecken und das Licht zur Nacht werden um mich her!«, so wäre auch die Finsternis nicht finster für dich, und die Nacht leuchtete wie der Tag, die Finsternis wie das Licht..."

Spätestens jetzt würde jedoch klarwerden, dass der Kontext dieses Psalms ein ganz anderer ist, nämlich die Sicht eines guten Hirten auf sein geliebtes Geschöpf:

„Denn du hast meine Nieren gebildet; du hast mich gewoben im Schoß meiner Mutter.

Ich danke dir dafür, dass ich erstaunlich und wunderbar gemacht bin; wunderbar sind deine Werke, und meine Seele erkennt das wohl!

Mein Wesen war nicht verhüllt vor dir, als ich im Verborgenen gemacht wurde, kunstvoll gewirkt tief unten

auf Erden. Deine Augen sahen mich schon als ungeform-
ten Keim, und in dein Buch waren geschrieben alle Tage,
die noch werden sollten, als noch keiner von ihnen war.
Und wie kostbar sind mir deine Gedanken, o Gott! Wie
ist ihre Summe so gewaltig!
Wollte ich sie zählen — sie sind zahlreicher als der Sand.
Wenn ich erwache, so bin ich immer noch bei dir!"

Der gute Hirte

Das biblische echte Gottesbild vermittelt uns das Gegenteil vom egozentrischen Überwachungsmonster: Der
gute Hirte sucht die Schafe, die sich verirrt haben, und
trägt sie auf seinen Schultern zurück!

In *Psalm 23 (NGÜ)* heißt es:
„Der Herr ist mein Hirte, darum leide ich keinen Man-
gel. Er bringt mich auf Weideplätze mit saftigem Gras
und führt mich zu Wasserstellen, an denen ich ausruhen
kann. Er stärkt und erfrischt meine Seele.
Er führt mich auf rechten Wegen und verbürgt sich dafür
mit seinem Namen. Selbst wenn ich durch ein finsteres
Tal gehen muss, wo Todesschatten mich umgeben,
fürchte ich mich vor keinem Unglück, denn du, Herr, bist
bei mir!
Dein Stock und dein Hirtenstab geben mir Trost. Du
lädst mich ein und deckst mir den Tisch selbst vor den
Augen meiner Feinde.
Du salbst mein Haupt mit Öl, um mich zu ehren, und
füllst meinen Becher bis zum Überfließen.
Nur Güte und Gnade werden mich umgeben alle Tage
meines Lebens, und ich werde wohnen im Haus des
Herrn für alle Zeit."

„Der Herr aber ist es, der selbst vor dir hergeht, er wird mit dir sein und wird dich nicht aufgeben noch dich verlassen; fürchte dich nicht und erschrick nicht!" (5. Mose 31,8 SLT)

Und Jesus selbst sagt: *„Ich bin der gute Hirte; der gute Hirte lässt sein Leben für die Schafe." (Joh. 10,11 SLT)*

Wenn Ozean-Seelen in diese Richtung fehlgeprägt sind, ist es besonders wichtig, dass sie sich von diesem falschen Gottesbild trennen. Am Kreuz von Golgatha hat Jesus ausgerufen: *„Es ist vollbracht"* (Joh. 19,30).
Alle Schuld ist gesühnt. Alles bezahlt! Was der überwachende Ab-Gott, der „moralische Buchhalter" oder ich selbst – als Kontrolleur – noch Negatives finden, das ist abgerechnet, bezahlt und erledigt.

Dieser Gedanke wird in meinem Buch „Sicher in Gottes Händen"[31] vertieft.

Nach Joh. 10,3 ruft der Hirte seine Schafe mit Namen – es wird eine persönliche Beziehung voller Fürsorge, Liebe und Güte in höchster Qualität vorgestellt!

Er schaut nicht auf die Fehler seiner Schafe; er bedrückt und erpresst seine Herde nicht mit ihrem Versagen; er belastet seine Schafe nicht mit ihrer Schuld, sondern befreit sie von ihren eigenen Verstrickungen und Verirrungen.

Gerade diese Fehl-Prägung macht es besonders schwierig, die Unvollkommenheit der eigenen Ozean-Seele anzunehmen. Denn Ozeane sind nicht zu bändigen und einzugrenzen wie ein Gartenteich. Sie überfluten die Ufer, sind oft unberechenbar und beheimaten eine Fülle von herrlichen Lebewesen – darunter auch einige hoch giftige und gefährliche.

Voraussetzungen für die ganzheitlich praktische Selbstannahme sind das Erkennen des eigenen „sarx" und der damit verbundenen Unvollkommenheit, sowie das Vertrauen darauf, dass ich nicht perfekt sein muss, um „okay" zu sein. Gott nimmt mich „brutto" an und macht sogar aus meinem Versagen noch das Beste… (vgl. Röm. 8,28)

Wir dürfen auch lernen, dass es nicht nur schwarz oder weiß, sondern auch viele Grau- und andere Farbtöne gibt! Es ist gut, auch über sich selbst lachen zu können – über viele, oft auch liebenswerte Ecken und Kanten.

Wir müssen nicht „fertig" sein - wir dürfen „Baustelle" sein! Wachstum bedeutet, dass das Vollkommene, Reife und Perfekte noch nicht erreicht ist, auch wenn wir uns danach ausstrecken! Vollkommen und gut ist nur Gott allein, und wenn wir in der Herrlichkeit als Glieder am Leib Jesu mit Ihm vereint sein werden, dann – aber erst dann – sind auch wir vollkommen.

3. Willkürlich oder passiv

Eine willkürliche Kindererziehung kann sowohl auf dem Boden eines unberechenbaren, unbeherrschten oder gar gewalttätigen Verhaltens wachsen, wie auch auf der Grundlage einer antiautoritären Erziehung.

Ein Kind sehnt sich nach Schutz und Geborgenheit. Klare Strukturen und berechenbare Verhaltensweisen sind dafür genauso notwendig wie das „sich voll und ganz verlassen Können" auf das Wort des Vaters.
Ein Mangel führt zu existenzieller Verunsicherung beim Kind; es fühlt sich nicht geschätzt und überfordert.

Bei gewalttätigem Verhalten wächst im Kind eine äußerst sensible Ahnung von Gefahr heran. Es muss Gefahr „wittern" lernen, um rechtzeitig Schutz suchen zu können.
Dadurch kann kein Urvertrauen entstehen, und das Kind wird sein einzigartiges Wesen nicht entfalten können.

Der eigene Ozean wird noch zusätzlich als unbeherrschbar und willkürlich wahrgenommen – man muss sich vor ihm schützen und ihn „vereisen".

Schutz suchen diese Menschen häufig bei klaren Autoritäten, die ihnen Sicherheit bieten sollen (z.B. Kirche, Staat, eine biblische Lehre, die Wissenschaft u.ä.). Klare Antworten, eindeutige Lösungen – das soll vermeintliche Sicherheit bieten.
Die Ozean-Seele wird verdrängt. Gehorsam und Loyalität zum vermeintlichen Sicherheits-System ist gefragt.

Die durch Unberechenbarkeit geprägte Seele kann keine Willkür und keine Grauzonen mehr ertragen.
Man versucht, so gut wie möglich, „Fehlverhalten" zu vermeiden. Man ist oft zutiefst misstrauisch und kann z.B. nur schwerlich Lob annehmen, weil man dabei stets einen Hintergedanken wittert.

Das fehlende Urvertrauen erzeugt eine Art ständiger Angst und Furcht. Man hat eigentlich auch Angst vor Gott und will ihn zufriedenstellen durch das Einhalten von vermeintlich biblischen Ideen, Prinzipien, Geboten oder Verordnungen – wobei es Gott doch in erster Linie um eine unbefangene, leidenschaftliche Liebesbeziehung geht!

Der passive Vater drückt seine Liebe und Zuneigung weder durch liebevolle Berührungen noch durch zärtliche Worte aus. Das Kind kann die Liebe des Vaters nicht wirklich spüren – ihm fehlt die emotionale Nahrung, die für sein Leben so bedeutsam ist.

Christen mit einem passiven Vater nehmen Gott oft als unbeteiligt und distanziert wahr. Sie können ihm nicht wirklich vertrauen, weil sie schon früh gelernt haben: Ich kann nur mir selbst vertrauen, ich muss für mich selbst kämpfen – es tut ja sonst niemand!

Andrea Stein schreibt: „Mein eigener Vater war für mich immer unberechenbar. Wenn ich ihm begegnete, wusste ich niemals, was auf mich zukam.
Ich erlebte ihn freundlich und zugänglich, doch ohne für mich erkennbaren Grund wurde er dann plötzlich sehr verletzend. Ich konnte Gottes Güte mir gegenüber lange

nicht annehmen, ohne die Angst zu haben, dass er mir gleich weh tun würde.

Immer, nachdem Gott mich besonders beschenkt hatte, erwartete ich, dass etwas Schlimmes folgen würde. Je schöner die Begegnung mit Gott war, desto mehr erwartete ich in der Folge Schmerzen.

Und kam ich dann in schwierige Lebenssituationen, war mir das wie eine Bestätigung.

Ich konnte nicht spüren, dass Gott mir beistand und mich hindurchtrug. Stattdessen sah ich immer ein höhnisch grinsendes Gesicht vor mir, das ich unweigerlich Gott zuordnete."[32]

Der passive, willkürliche Vater – der beständig aktiv liebende Gott

Denn so sehr hat Gott die Welt geliebt,
dass er seinen eingeborenen Sohn gab, damit jeder, der
an ihn glaubt, nicht verlorengeht,
sondern ewiges Leben hat. (Joh. 3,16 LUT)

Gott möchte uns aktiv lieben. Die Voraussetzung dafür ist, dass wir uns lieben lassen. Gott hält uns. Kleine Kinder möchten oft gehalten werden. Dadurch erleben sie Nähe und Geborgenheit. Das setzt voraus, dass sie sich auch halten lassen – durch eine vertrauenswürdige Person.

Das Kind lernt dabei, dass es sich vertrauensvoll in die Arme seiner Eltern fallen lassen darf. Es ist anzunehmen, dass ein Kind, das große Defizite im Gehaltenwerden hatte, später auch große Probleme damit haben wird, sich in Gottes Vaterarme fallenzulassen.

Ähnlich ist es auch bei Kindern, die für ihre Eltern eine ständige Überforderung darstellen und oft vermittelt bekommen haben, dass sie zu kompliziert, „zu schwierig" und einfach „zu anstrengend" anstatt wundervoll facettenreich sind.

Gott hält uns, er ist unser Halt! *„Ich halte dich an deiner Hand."* (Jesaja 41,13 ELB)

Einen gesunden, inneren Halt und Vertrauen in sich selbst, in andere und in Gott, kann ein Kind nicht aus sich selbst heraus entwickeln. Diese Zusammenhänge sollten beachtet werden.

Es stellt kein glaubensmäßiges Misstrauen Gott gegenüber dar, wenn sich ein Mensch nicht gehalten fühlt. Es ist vielmehr der Ausdruck einer entsprechenden Kindheitserfahrung.

Vielleicht musste das Kind oder der Jugendliche sogar „Halt" für die Eltern oder für einen Elternteil sein, weil diese selbst keinen hatten.
Solche Heranwachsenden haben dann gerne selbst alles unter Kontrolle, in der Hand und „fest im Griff".

Die frühkindlichen Defizite haben bei ihnen zu tiefen Lebensverletzungen geführt – mit Lügenbotschaften im Rucksack, wie: „Ich kann mir nur selbst vertrauen!" „Ich muss es alleine schaffen und hart dafür arbeiten!"

Das eigene Herz hat sich verhärtet, und sie müssen erst lernen, dass Gott ihr Halt sein möchte und dass sie sich in die liebend geöffneten Arme des Auferstandenen fallen lassen dürfen. Dieses Vertrauen zu wagen, braucht viel Zeit und Geduld.

Auch bei dieser Fehlprägung müssen wir uns mit dem wichtigen Thema der bedingungslosen, unverdienten und beständigen Liebe Gottes konfrontieren lassen und uns damit auseinandersetzen!

Misstrauen, existenzielle Zweifel, Angst und Furcht dürfen hier Heilung erfahren:

„Furcht ist nicht in der Liebe, sondern die vollkommene Liebe treibt die Furcht aus!" (1. Joh. 4,17 LUT)

4. Kindheit mit Verlusterlebnissen

Hat ein Kind tiefe Verlusterfahrungen gemacht (Scheidung, Tod eines Elternteils, Umzug), zog sich die Seele des Ozean-Kindes in sich selbst zurück, um sich zu schützen. Doch da trifft es nicht auf ebenmäßig Strukturiertes, sondern eben auf „Ozeanisches", das es nicht einordnen, erfassen und verstehen kann. Es kommt nicht zur erhofften Antwort in sich, zur Liebesquelle, nach der es sich doch so sehr sehnt.

Stattdessen wächst die Überzeugung, dass man an der seelischen Qual, am Leid, das man erlebt, selbst schuld sei.

Das Fazit ist: Ich bin schlecht, falsch und böse. Der stürmische Ozean scheint diese Bewertung noch zusätzlich zu bestätigen.

Das führt zu extremen Ambivalenzen, die den Ozean natürlich noch mehr aufpeitschen. Sehnsucht kann zur „Sucht" werden. Auch provokatives, skandalöses Verhalten, dunkle und verbotene Welten können einen starken Reiz ausüben.

Tiefsitzende Scham prägt das Wesen dieser Menschen. Die Aggressionen werden nach innen gerichtet. Manche leben ihren Schmerz immer wieder provokativ aus, um durch die erlebte Ablehnung und Zurechtweisung in ihrer Rolle und Selbstbeurteilung bestätigt zu werden: „Wer mich wirklich in meinen Tiefen kennenlernt, der kann sich nur vor mir ekeln..."

Andere verabscheuen alles Konservative, Bürgerliche, „Spießige". Sie erleben sich als besonders und außergewöhnlich – was ja auch stimmt – aber eben in dem Sinne, dass sie alles Gewöhnliche und Mittelmäßige angreifen oder verabscheuen; sie wollen als exzentrisch und außerordentlich auffallen und wahrgenommen werden.

Eine andere Art, auf schmerzhafte Verlusterlebnisse zu reagieren, ist ein völliges Verleugnen des Schmerzes. Auch hier werden die traumatischen Erlebnisse verdrängt, doch zusätzlich wird die Vergangenheit noch schöngefärbt. Diese Leute reden oft von einem schönen Elternhaus – obwohl jeder objektiv Betrachtende zu einer ganz anderen Beurteilung kommen würde.

Diese Ozean-Seele gibt ebenfalls einen Schein von Oberflächlichkeit wieder, weil sie sich manchmal durch viel Ironie, Spaß oder gar Sarkasmus vor Problemen und Schmerz zu schützen sucht.

So wird der Schmerz z.B. „wegerklärt" (Rationalisierung) oder mit vielen aktiven und passiven Verhaltensweisen kompensiert. Auch an sich gute Dinge wie Lobpreis oder positives biblisches Denken können unbewusst zur Schmerzverdrängung benutzt werden – die „Dosis macht das Gift".

Es ist sehr verständlich, den Lebensschmerz nicht spüren zu wollen, jedoch führt nur ein Weg zur Heilung, und dieser geht mitten durch den Schmerz hindurch! Alles andere verstärkt ihn nur und lässt ein weiteres Stück Schmerz zum Lebenspaket hinzukommen.

Der verlassende Vater – der treue Gott

Durch das plötzliche Weggehen eines Elternteils (auch durch Tod) speichert das Kind auf emotionaler Ebene die Botschaft: „Ich lasse dich allein, weil du meiner Liebe nicht würdig bist." „Du bist es nicht wert, dass ich bei dir bleibe; und deshalb verlasse ich dich einfach."

Das Kind gibt sich unbewusst selbst die Schuld und nimmt eine hypergehorsame, unterwürfige und damit sich selbst ablehnende Haltung ein. Gefühle der Aggression und der Wut werden verdrängt oder auf sich selbst und/oder andere gerichtet.

Der Gott, an den man sich klammert, ist ebenfalls ein Ab-Gott, der teilnahmslos nur die Huldigung entgegennimmt. Bei ihm kann man nie sicher sein. Er könnte mich schon in der nächsten Stunde einfach verlassen und mich den Klauen des zerstörerischen Diabolos ausliefern.

Dr. Frielingsdorf sagt dazu: „Wenn du wirklich Vertrauen hättest, würdest du nicht so klammern und festhalten, sondern loslassen. Erst dann kannst du erfahren, ob Gott dich nicht fallen lässt, sondern in seinen Armen auffängt. Hinter dem scheinbar positiven Gottesbild steckt eigentlich ein angstmachender und bedrohlicher Aber-Gott, dem man nicht trauen kann, der letztlich doch weggeht und den Betroffenen verlässt: ein dämonisches Gottesbild in positiver Gestalt." [33]

Ein besonderer Aspekt, der zu diesem Thema gehört, ist die Parentifizierung. Mit diesem Begriff aus der Familientherapie wird die Rollenumkehr zwischen Eltern und Kind beschrieben. Können die Eltern ihre Rolle durch Verlustereignisse selbst nicht ausfüllen, übernimmt das Kind häufig deren Aufgaben, die es dann enorm überfordern.
Das Kind verliert durch diese Überforderung seine kindliche Spontaneität, Lebhaftigkeit und Sorglosigkeit.

Gerade Kinder mit einer Ozean-Seele, die stellvertretend für ihre Eltern Verantwortung übernehmen, entwickeln sehr häufig **hohe Anforderungen** an sich selbst und sind durch die Spannung, zwischen dem Gefühl der Größe und der Angst zu versagen, emotional stark belastet.

Bei Verlusterlebnissen wird das Kind nicht nur mit den bereits erwähnten Lügenbotschaften konfrontiert, sondern es übernimmt oftmals viel zu große Verantwortung. Bei Tod eines Elternteils, bei Scheidung und bei überlasteten Ehen muss es manchmal sogar einen Elternteil „bemuttern".

Die viel zu große Verantwortung ist ebenfalls eine Verletzung. Dabei wird das kindlich Unbefangene verletzt. Die eigenen wahren Bedürfnisse mussten folglich zurückgestellt werden.

Eine Ozean-Seele wird so in eine Haltung voller Wohlgefälligkeit, Hilfsbereitschaft und Freundlichkeit geleitet. Hier steht nicht so sehr die Frage was „recht" und was „falsch" ist im Vordergrund, sondern eher: Welches Wohlverhalten tut den anderen gut, hilft ihnen und ist ihnen angenehm?

Dem Bedürfnis, den eigenen Ozean zu erforschen, zu leben und zu erleben, um seine Schätze „mit Danksagung" (indem wir Gott mit einbeziehen) zu genießen, steht oft eine emotionale Sperre entgegen. Denn die Lebensberechtigung besteht ja darin, anderen zu dienen und „wohlgefällig" zu sein. Das kann zu Burnout-Symptomen führen. Der Ozean gibt und gibt – und selbst geht er meist leer aus.

Wenn aber die Identität darin liegt, von außen Bestätigung zu erhalten, kann Menschenfurcht und die Abhängigkeit vom „guten Denken anderer über mich" zur besonderen Prägung und zum Hindernis werden, authentisch „ozeanisch" leben zu lernen.

Man will „gebraucht" werden – doch wenn der entsprechende Dank oder das Wohlwollen als Reaktion ausbleiben, ist man verletzt und enttäuscht.

Oftmals ist auch festzustellen, dass diese Menschen dem Schwächeren besonders viel Liebe zuteilwerden lassen. Doch dabei handelt es sich weniger um die Liebe Gottes, deren Kanal man sein möchte, sondern man gibt anderen das, was man sich selbst besonders wünscht – und nie bekommen hat.

Diese vereinsamte innere Persönlichkeit, dieses „heimatlose, innere Kind" schreit nach Zuneigung und Liebe. Verschmelzende Beziehungsmodelle können die Phantasie füllen – und zu noch mehr hingegebener Hilfeleistung animieren (vgl. auch „Co-Abhängigkeit" im Seminar „Geheimnisse wahrer Persönlichkeitsreifung" – siehe Anhang). Man will den anderen „gesund lieben". Die eigene Persönlichkeit geht in der Person auf, der man helfen will.

Der – durch Fehlprägung erfahrene – ferne Gott, der sich nicht wirklich um mich kümmerte und dem es letztlich nicht um mich und meine Person ging, lässt wiederum ein Defizit und somit eine Verletzung entstehen.

Der treue Gott

Gerade diese Ozeane müssen lernen, ihr „ozeanisches Leben" auch anderen zuzumuten. Obwohl sie selbst andere gut annehmen können, schämen sie sich, die eigene Bedürftigkeit zu zeigen und dazu zu stehen.

Es wird auch nötig sein, den Gedanken, dass auf Gott Verlass ist, dass der Allmächtige dies seinen Kindern sogar ausdrücklich zusagt, in einem Reifungsprozess zu verinnerlichen.

Denn groß bis zum Himmel ist deine Gnade, und deine Treue bis zu den Wolken! (Ps. 57,11 LUT)
Ich sage: Auf ewig wird die Gnade gebaut, deine Treue gründest du fest in den Himmeln... aber meine Gnade will ich ihm nicht entziehen und meine Treue nicht verleugnen. (Ps. 89, 3+34 LUT)
Wenn wir untreu sind, so bleibt er doch treu; er kann sich selbst nicht verleugnen. (2. Tim 2,13 ELB)

Gott ist gegenwärtig. Er schläft nicht, nichts entgeht ihm. Das zieht sich schon durch das ganze Alte Testament: z.B. *1. Mose 28,15 (ELB): „Ich bin mit dir."* oder *3. Mose 26,12 (LUT): „Ich will unter euch wandeln."*

Im Gegensatz zum eigenen Erleben sollte die Ozean-Seele auch hier lernen, diese Verheißung „Gott ist anders" zu verinnerlichen. Denn viele von uns haben ihre Familie anders erlebt, ihnen fehlte die Gegenwart ihrer Eltern. Sie verbrachten lange Zeiten in Kindereinrichtungen oder waren zu Hause sich selbst überlassen. Diese Menschen dürfen die Gegenwart und Beständigkeit Gottes neu erfahren lernen.

Wichtig für diese Ozean-Seelen ist neben der „Balustrade ganzheitlicher Verletzungsarbeit" besonders das Thema „Schätze hinterm Schmerz entdecken", damit das Leid, die Verlusterfahrungen und der Schmerz ihres Lebens in Perlen verwandelt werden können. (vgl. auch Seminar „Geheimnisse aus der unsichtbaren Welt" – siehe Anhang)

5. Unbarmherzig und strafend

Der strafende Vater fügt seinem Kind Schmerz zu, statt ihm Zuneigung und Liebe zu erweisen. Dies kann durch Worte oder auch Taten geschehen. Worte können genauso verletzen wie Hände.

Neben emotionalem gehört auch sexueller Missbrauch in diese Rubrik. Ein solches Vergehen zerbricht die vertrauende Seele des Kindes und zerstört jedes gesunde Vaterbild. Menschen, die so etwas erleben, nehmen Gott meist als brutal, hart, strafend und unversöhnlich wahr. Furcht, Scham und Wut werden zu starken emotionalen Hindernissen in der Gestaltung ihrer Beziehungen.

Auch hier geht bei Ozean-Seelen das Erlebte besonders tief. Wurde eine solche Seele durch einen gewalttätigen Vater zerbrochen, benötigt sie dringend die zärtliche, behutsame Liebe Gottes, die ihr Leben schützend einhüllt und sie wieder aufrichtet.

Der strafende Richter-Vater – der gnädige und barmherzige Gott

Viele Christen bemühen sich krampfhaft, aus eigener Anstrengung immer besser zu werden. Sie versuchen lieber, ihren „Stand als Sünder" zu minimieren, als aus der Vergebung Gottes heraus zu leben.

Dieses – im tieferen Sinne – selbstgerechte Verhalten, erwächst oftmals aus Angst vor Strafe. Dieser Mensch hat in seiner Kindheit wahrscheinlich sehr wenige Erfahrungen von gelebter Vergebung und ehrlicher Hilfe gemacht, wie sie z.B. in den Worten „Alles ist wieder gut, ich liebe dich!" ausgedrückt wird.

In der ganzheitlichen Seelsorge trifft man hier auch oft auf die Verletzung der Beschämung und der Überforderung. Beschämung, weil das Kind verächtlich gemacht oder öffentlich beschämt wurde. Überforderung, weil es sich jetzt aus eigener Kraft bessern sollte.

Aber Gottes Einladung hört sich völlig anders an: *„So lasst uns nun mit Freimütigkeit hinzutreten zum Thron der Gnade, damit wir Barmherzigkeit erlangen und Gnade finden zu rechtzeitiger Hilfe!" (Hebr. 4,16 ELB)*

Gott vergibt gern. Denn er ist ein barmherziger Gott! *„Barmherzig und gnädig ist der Herr, geduldig und von großer Güte." (Ps. 103,8 SLT)*

„Wenn wir aber unsere Sünden bekennen, so ist er treu und gerecht, dass er uns die Sünden vergibt und uns reinigt von aller Ungerechtigkeit." (1. Joh. 1,9 LUT)

„Müssen wir denn nun noch damit rechnen, verurteilt zu werden? Nein, für die, die mit Jesus Christus verbunden sind, gibt es keine Verurteilung mehr!" (Römer 8,1 NGÜ)

Heilende Reifung

Die Ozean-Seele sollte sich bewusst machen, wie tief die Fehlprägungen durch die Vaterbilder in ihre Seele gedrungen sind. Und wie sehr diese das eigene Selbstbild nun prägen.

Durch die innige, liebevolle Beziehung zu seinem himmlischen Vater können wir uns durch Jesus Christus ein originalgetreues Vaterbild schenken lassen und Stück für Stück in eine neue Beziehung zu ihm hineinwachsen. Dazu verhilft uns vor allem das bereits erwähnte „holoklerische Leben".

Wir sollten uns auch die Frage stellen, wie wir selbst für unsere Kinder und Mitmenschen sein wollen: „das Sein" wertschätzend betrachten oder nur die Leistung anschauen? Barmherzig, treu, vergebend, einfühlsam und gnädig oder willkürlich, hart, gesetzlich, verurteilend, unnahbar und strafend sein?

Gott ist anders! Um sowohl unser Selbst- wie auch unser Gottesbild zu revidieren, dürfen wir uns an *Matthäus 7, 9+11 (ELB)* orientieren: *„Ist einer unter euch, der seinem Sohn einen Stein gibt, wenn er um Brot bittet? Oder eine Schlange, wenn er um einen Fisch bittet? Wenn nun schon ihr, die ihr böse seid, euren Kindern gebt, was gut ist, wie viel mehr wird euer Vater im Himmel denen Gutes geben, die ihn bitten."*

Kapitel 9

Einzigartig und facettenreich!

Es wäre wünschenswert – für alle Arten von Seelen-Typen – dass wir eine neue Ehrfurcht vor der unendlichen Komplexität der menschlichen Persönlichkeit bekommen. Die Persönlichkeit eines jeden von uns ist derart einzigartig und facettenreich, dass wir keinesfalls versuchen sollten, sie in unsere bisherigen Denkmuster hineinzupressen. Staunen wir lieber über die Geheimnisse und Schönheiten der menschlichen Seele, statt sie irgendwie zu schubladisieren.

Erkennen wir die Individualität und enorme Vielfältigkeit einer Person an, statt sie „nach unserem Bilde" umzuformen!

Eine Ozean-Seele gleicht einem tiefen Meer – voller Vielfalt, Schönheit und fassungsloser Weite.
Deshalb sollten wir einer solchen Seele stets zur Seite stehen, wertschätzend und forschend in ihre Tiefen mit hinabtauchen, in diesen geheimnisvollen Ozean des anderen Menschen – ohne uns jemals in der trügerischen Gewissheit zu wägen, wir könnten ihn ganz erfassen und verstehen!

Wenn Sie eine freundschaftliche Beziehung mit einer Ozean-Seele pflegen, dann helfen Sie dem anderen dabei, selbst die Schönheit seiner eigenen Meerestiefe zu entdecken, um ganzheitlich heil zu werden und erfüllt zu leben.

Und wenn Sie erstaunliche Entdeckungen machen, dann sprechen Sie gemeinsam darüber.

Versuchen Sie aber nie, das Meer neu zu entwerfen – den anderen in seiner Tiefenstruktur nach „Ihrem Bilde" verändern zu wollen. Bleiben Sie „Mit-Taucher" und staunen Sie über die Kreativität unseres Schöpfers!

Es wäre anmaßend von einem Tiefsee-Taucher, wenn er versuchen würde, die wundervollen Strukturen der Unterwasserwelt neu zu entwerfen und zu verändern.

Wir sollten anderen helfen, ihre „Meerestiefen" besser kennen und verstehen zu lernen, so wie Gott sie ganz persönlich mit ihren Einzigartigkeiten und Fähigkeiten geschaffen hat. Dann können sie ihre Persönlichkeit besser zur Ehre Gottes entfalten.

Den Gedanken Gottes näher zu kommen hat nichts mit einer egozentrischen „seelischen Nabelschau" zu tun, sondern es geht um die Basis unserer Individualität, so wie Gott sie sich erdacht hat.

Kapitel 10

Weitere Statements

„Ich hörte Walters Seminar "Geheimnisse des Angenommenseins" in einer Gemeinde in Cuxhaven im Ok-
tober 2009. Als er dann im Rahmen dieses Seminars
über die Ozean-Seelen sprach, konnte ich nur noch heu-
len. Ich dachte: "Der kennt mich doch überhaupt nicht."
Aber er sprach von mir. Das erste Mal in meinem Leben
fühlte ich mich angenommen, wertgeschätzt und "normal".
Allein die Tatsache, verstanden zu werden, hat mein
ganzes Sein radikal zum Positiven geändert. Ich glaube
auch immer noch, dass Walter nur für mich in Cuxhaven
gesprochen hat.
Ich bin ihm so dankbar und wünsche ihm und seiner Arbeit unendlichen Segen."
*Kirsten Gensch, 51 Jahre, Hausfrau und seelsorgliche
Begleiterin (AsB,), Bornberg, Niedersachsen*

„Als ich die Typologie über die Ozean- und Bergsee-
Seele kennenlernte, verstand ich besser, warum ich solche Schwierigkeiten in meiner Partnerschaft hatte. Wir
waren beide so verschiedene Typen, dass jeder den anderen in seinem Wesen nicht gut verstehen konnte. Das
führte unweigerlich zu Konflikten, die sich nur schwer
lösen ließen und mit Verletzungen einhergingen.
Ich fühlte mich nicht verstanden in meiner Komplexität
des Denkens und Fühlens. Ich brauchte mehr Zeit für
mich allein als er. Eine durchstrukturierte und geplante

Freizeit entsprach mir nicht. Was für ihn nach einem langen Tag noch mit Freude und Leichtigkeit möglich war, fiel mir äußerst schwer, z.B. Geburtstagsfeiern mit viel „smalltalk". Ich schätzte ihn als treuen und zuverlässigen Menschen. Aber seine Andersartigkeit verletzte mich regelmäßig und die - nach meinem Empfinden - Oberflächlichkeit der Beziehung frustrierte mich.

Eine sehr lange Zeit hatte ich mich zu verbiegen versucht, damit wir zueinander passten. Das ließ mich jedoch mit jedem Tag ein Stückchen mehr sterben. Ich verlor die Hoffnung auf eine wundervolle Zukunft und die Freude am Leben, so dass ich viele depressive Tage erlebte.

Durch die Erkenntnis, dass ich nicht psychisch krank oder falsch bin, sondern dass auch andere Menschen so gestrickt sind wie ich, war ich erleichtert und bestätigt. Ich konnte mich selbst besser annehmen, lieben und ernst nehmen. Und wir konnten im gegenseitigen Einverständnis die Beziehung lösen, die uns beiden auf Dauer nicht gutgetan hatte."

Esther Lang, Studentin, Lörrach

„Die Erkenntnis, dass ich eine Ozean-Seele bin, hat mir sehr viel gebracht. Zum Beispiel hat es mir geholfen zu verstehen, warum ich manchmal solche emotionalen Wellengänge habe. Ich erlebe freudige Zeiten sehr stark, spüre aber auch depressive Stimmungen. Ich habe verstanden, dass es Monsterwellen gibt, Tsunamis, dass mein Ozean manchmal aber auch wunderbar ruhig sein kann.

Früher war ich diesbezüglich sehr unsicher, und viele Wellen haben mich unterspült. Nun habe ich gelernt, dass einen die Wellen nicht mehr unterspülen müssen, sondern dass ich auf ihnen surfen lernen kann. Aus dieser Erkenntnis heraus lernte ich auch, meinem Seelenleben die nötige Beachtung zu schenken, damit ich weiss, wie ich mit einem kommenden Sturm umgehen kann, respektive wie ich der Heftigkeit eines Sturms durch frühzeitiges Erkennen ausweichen kann.

Die verschiedenen Zeiten erlebe ich eher in längeren Abständen, das heisst, nicht von einem Tag zum anderen im anderen Extrem, sondern eher über Wochen oder Monate in einer Phase.

Zudem hat es mir geholfen zu verstehen, dass ich von einer Ozean-Seele nicht zu einem Bergsee werden muss, sondern ich habe auch die vielen positiven Aspekte einer Ozean-Seele schätzen gelernt.

Die Erkenntnis hat mir auch geholfen, andere Leute besser zu verstehen, anders mit ihnen zu diskutieren und ihnen zu helfen, sich selber besser zu verstehen.

So ist sich inzwischen ein ausgeglicheneres, fundierteres Leben am Entwickeln. Ich finde besseren Zugang zu mir, kann mich besser annehmen. Jedoch sehe ich es als einen lebenslangen Prozess, und es braucht bei mir meistens eine gewisse Überwindung, mich mit meinem Seelenleben auseinander zu setzen."

Eliane Breitenmoser,
Mitarbeiterin einer Jugendorganisation, Suhr AG

„Ich habe mich immer zutiefst in Frage gestellt und mich ständig sehr schlecht gefühlt. So oft fühlte ich mich nicht verstanden und bin mit der Zeit sehr verbittert geworden. Dachte, meine harte Kindheit sei hauptsächlich schuld an meiner Verbitterung.

Letztes Jahr habe ich durch ein Seminar von Walter Nitsche eine neue Sichtweise bekommen und kann meine

Ozean-Seele inzwischen wirklich besser annehmen. Mir wurde auch bewusst, wie viele Vorteile ich dadurch habe. Für meinen Beruf als Vertrauensperson der Schwerbehinderten und Betriebsrätin ist es so hilfreich, wenn ich meine intuitiven Antennen einsetze. Meine Ozean-Seele hilft mir, sensibler auf andere einzugehen, sie besser zu erfassen und ihnen daher besser dienen zu können.

Es kann sein, dass ich z.B. während meiner Hausarbeit ohne System im ganzen Haus unterwegs bin. Plötzlich kommt mir ein Mensch in den Sinn. Ich lasse alles stehen und liegen und sehe nach dieser Person. Anschließend stelle ich fest, ich war genau zum richtigen Zeitpunkt am richtigen Ort. (So wurde ich freier für Gottes Führungen.) Ich bin stets am Aufräumen, doch jetzt muss ich dabei oft über mich selbst lachen und an die absolut typische Ozean-Seele denken…

Durch das Wissen um das Wesen der Ozean-Seele kann ich mich viel besser annehmen, so wie ich bin. Gott hat mich wirklich facettenreich geschaffen!"

Gerlinde Ness, Betriebsrätin, Schopfloch

„Als ob da schon immer etwas da war, das nun – durch die Ozean-Seele-Erkenntnis – endlich benannt werden konnte und seinen richtigen Platz im Leben gefunden hat.

Ich will zwei Beispiele nehmen, um mein Empfinden zu erklären zu versuchen.

Zum einen fühlte es sich bei mir früher so an, als hätte ich als Kind ein Geschenk bekommen, sagen wir mal einen Kochtopf. Man findet ihn klasse, weiß aber gar nicht, wozu und wofür und was das eigentlich ist. Man empfindet aber, dass dieses Geschenk zu einem gehört.

Kann es also nicht einfach wegschmeißen. Ich verstecke es höchstens, wenn es andere blöd finden. Also benutze ich den Kochtopf als Vase oder Putzeimer oder so.

Dann kommt jemand (in meinem Fall war's der Referent über die Ozean-Seelen selbst) und sagt zu mir: Pass auf! Diesen wunderbaren Kochtopf, den du hast, kannst du ganz anders nutzen: kannst damit wunderbare Suppen und so viele gute Sachen kochen. Ab jetzt wusste ich, der Kochtopf gehört in die Küche. Ich bin begeistert, mit ihm zu experimentieren und damit richtig umgehen zu lernen.

Oder, da ich selbst Mutter bin, das andere Beispiel: Eines deiner Kinder wäre „unmöglich". Es kann sich nur schwerlich gut benehmen, kann sich nicht konzentrieren, nicht richtig zuhören. Und dann erklärt dir jemand, dass dein Kind hochbegabt ist und nur einen anderen Zugang zu sich selbst braucht.

Da siehst du das Kind mit anderen Augen. Das, was dich früher an ihm geärgert hat, kannst du jetzt in die richtige Position stellen, und es macht sogar Spaß, mit diesem Kind die Welt auf seine Weise zu entdecken.

Diese Vergleiche sollen etwas verdeutlichen, wie sehr mir die Erkenntnis über die Ozean-Seele geholfen hat, mich, mein Inneres und letztlich auch das Leben mit anderen Augen zu sehen und mich daran zu erfreuen."
Swetlana Kremin, Arzthelferin, Paderborn

„Ich habe mich schon immer gefragt, warum ich fast keine "seelenverwandten" Freunde habe, niemanden, mit dem ich mich in die Tiefen meiner Seele stürzen kann. Auch versuchte ich, „innere Stürme" lieber zu umgehen, statt durchzusegeln. Es kostete mich einfach zu viel Kraft und zog mich hinunter.

Durch die Informationen über die Ozean-Seele kann ich mich selbst besser verstehen und versuchen, mit den Nachteilen und Schwächen umzugehen und sie positiv zu nutzen. Wir Ozean-Seelen machen uns viele, viele Gedanken... Ich möchte herausfinden, welche Macht diese Gedanken über mich haben und in welcher Weise ich diese verändern kann, um aus den "Grübeleien", dem ständigen Nachdenken, herauszukommen und das Leben zu vereinfachen.

Hilfreich war auch die Erkenntnis, dass man von manchen Menschen als schwierig eingestuft wird und dass sie die wahre Tiefe meiner Person einfach nicht begreifen können."

Inge Schindler,
Speditionskauffrau und Hausfrau, Teningen

„Das Wissen über die Ozean-Seele hat mir sehr viel gebracht. Niemand hat mich jemals wirklich verstanden – und ich mich selbst all die Jahre auch nicht. Mein inneres Leben und meine Reaktionen wurden von meiner verständnislosen Umwelt einfach als eine psychische Störung aufgefasst. So wurde ich schon als Teenager jahrelang in psychotherapeutische Behandlung geschickt, musste Medikamente schlucken – was mich alles innerlich nur mehr und mehr zerstört hat. Keiner – weder Laien noch Fachleute – ist auch nur ansatzweise auf die Idee gekommen, dass ich vielleicht gar nicht seelisch krank bin, sondern einfach eine Ozean-Seele...

Im Rückblick muss ich sagen, dass meine Vergangenheit dem Liedtext „Meine Soldaten" geähnelt hat. Eigentlich nicht mein Musikstil, und eigentlich geht es in dem Lied um Liebeskummer; aber die Zeilen haben sich damals in mir eingebrannt wie ein Tattoo. Vielleicht weil ich eine

Art Liebeskummer nach mir selbst hatte, weil ich mich von vielen "falschen" Menschen ungeliebt gefühlt und dafür die Menschen, die mich wirklich liebten, vertrieben hatte:

"Alles was sich bewegt, lass ich streng überwachen.
Verdächtige Elemente sofort unschädlich machen.
Es reicht ein Zeichen der Schwäche, ein Zittern der Finger.
Ich brauch kühles Blut, denn es tut mir nicht gut,
mich an dich zu erinnern.
Und immer wenn mein Herz nach dir ruft, und das Chaos ausbricht in mir drinnen,
schick ich meine Soldaten los, um den Widerstand niederzuzwingen.
Immer wenn mein Herz nach dir ruft, und es brennt in den Straßen in mir drinnen,
befehle ich meiner Armee alles zu tun, um es wieder zum Schweigen zu bringen.
Es ist geknebelt, gebrochen; es wird weggesperrt.
Und mir endlich gehorcht mein armes Herz....
Doch ich brauch nur einen Verräter, eine undichte Stelle,
einen winzigen Stein für eine gewaltige Welle,
ein Funken im Zunder, und alles steht wieder in Flammen.
Die ganze Fassade klappt wie ein Kartenhaus in sich zusammen..."

Ich habe früher die wahren Bedürfnisse meines Herzens oft verleugnet. In der Schule wurde ich von Schülern und von Lehrern gemobbt und hatte mir ein schlechtes Umfeld aufgebaut. Viele (vor allem verheiratete) Männer, leider auch aus kirchlichen und christlichen Kreisen, hatten meine Schwächen, mein Streben nach Liebe ausgenutzt und mich stets nur als sexuelles Ding betrachtet, das man ausnutzen, missbrauchen, vergewaltigen kann. Leuten, denen ich anfangs noch diese Missbrauchserlebnisse anvertraut hatte, haben sich darüber entweder lustig gemacht oder sich sogar geekelt – anstatt mir zu helfen.

Meinen Eltern wollte ich dies nie erzählen, um sie nicht zu enttäuschen – und habe sie dadurch bitter verletzt.

Nach und nach habe ich immer mehr Fassaden um mich aufgebaut, um meine seelischen Verletzungen und Schmerzen zu überdecken. Habe eine Amy vorgespielt, die ich weder war noch bin, führte ein Parallel-Leben, wobei keines meine wahre Authentizität war – und habe mich (im Nachhinein gesehen) damit noch viel mehr verletzt.

Bin dann komplett in Depression und paranoide Zustände verfallen.

Normale Zärtlichkeiten und ernst gemeinte, liebevolle Worte konnte ich nicht mehr ertragen. Offensichtlich wollte der Teufel meine Persönlichkeit zerstören, denn ich fühlte mich immer wertloser.

Dann entdeckte ich, dass meine Ozean-Seele so wertvoll ist und ich von Gott geliebt bin.

Heute ist meine Lebensqualität viel besser. Ich bin grundsätzlich glücklich und zufrieden. Ich habe eine viel bessere Beziehung zu den nahestehenden, geliebten Menschen in meinem Umkreis und kann viel besser vergeben und segnen - auch meine Feinde.

Ich werde immer noch von vielen Menschen nicht verstanden, übergangen und manipuliert. Aber ich habe endlich ein gesundes Selbstwertgefühl entwickeln kön-

nen. Gerade in schlechten Zeiten habe ich trotzdem einen guten Zugang zu meinem Innern – und zur „kleinen, kindlichen Amy" in mir. Gerade bei Verletzungen, die ich auch heutzutage noch oft erlebe, ist es sehr hilfreich, einen guten Draht zur „kleinen Amy in mir" zu haben. Wir können uns gegenseitig auch besser schützen, obwohl ich in manchen Situationen noch viel sensibler gegenüber meinen wahren inneren Bedürfnissen werden muss – mit Gottes Hilfe werden wir immer mehr Frieden und Ruhe erleben... auch in stürmischen Zeiten."
Amy, Studentin, Heidelberg

„Ich habe gemerkt, dass ich jahrelang eine „vereiste" Ozean-Seele war. Meine Kindheitserinnerungen zeigen, dass ich als Kind sehr viele Anzeichen des Ozean-Seelencharakters hatte und lebte, jedoch wurden diese Eigenarten/Eigenschaften (heute wäre ich als Kind damit mit Sicherheit als ADHS diagnostiziert worden) wie: auffälliges Verhalten in Kindergarten und Grundschule; schnelle Unterforderung, sehr vorlaut, sehr wissbegierig, extreme Gefühlswellen – durch meine Erziehung (nicht böswillig seitens der Eltern/Großeltern/Lehrer etc.) im Laufe der Zeit von mir immer mehr unterdrückt.

Über viele Jahre hatte ich so genannte „Depri-Phasen" (von mir so bezeichnet), in denen ich einfach ohne Grund in eine leichte Depression abrutschte – ca. 6x / Jahr für ca. 2 Wochen – da ich so „vereist" war, empfand ich dies jedoch nicht als schlimm. Ich versuchte, wie ich mir im Laufe der Zeit selbst beigebracht hatte, alles wegzudrücken – und natürlich bekam ich mich dann wieder „in den Griff". Nach außen zeigte ich mich unbewusst in meiner anerzogenen Rolle.

Erst mit Beginn meiner Ehe im Alter von 35 Jahren mit einem Mann, der mich vollkommen annahm, wie ich bin, begann ich langsam aufzutauen – die Erkenntnis, dass ich eine emotionale Ozean-Seele bin, wollte ich zuerst gar nicht wahrhaben und zweifelte stark daran, bis mir Walter sagte: „Warum denkst du, du seist keine Ozean-Seele?" Das war für mich ein weiterer ganz großer Schritt, es wirklich zu glauben und für mich in Anspruch zu nehmen.

Daraufhin konnte ich mich selbst besser einschätzen und wahrnehmen und auch den Auftauprozess zulassen und erkennen, dass diese vereisten Eigenschaften auch auftauen dürfen und okay sind.

Wenn ich heute in eine „Depri-Phase" komme, hilft es mir wahnsinnig, einfach nur zu wissen: ACHTUNG MONSTERWELLE – alleine dieses Wissen hilft mir, besser damit umzugehen – ganz besonders im Umgang mit meinem Mann. Denn jetzt kann ich ihm einfach sagen: „Bei mir ist eine Monsterwelle im Anmarsch" und er weiß dann, was los ist und kann damit ebenfalls besser umgehen.

Ich bin dankbar, dass ich heute sein kann, wer ich wirklich bin. Insgesamt hat dieser Prozess aber ca. 3-4 Jahre gedauert."

Melanie Beck,
IT-Fachfrau, Pastoraltherapeutin (ISA), ganzheitliche Seelsorgerin (AsB) und Referentin, Heilsbronn

„Für mich war die Erkenntnis der seelischen Grundstrukturen eine große Bereicherung - persönlich und in meinem Dienst als Seelsorger. Vieles, was ich intuitiv bereits wusste und danach gehandelt habe, wurde durch die Ausführungen von Walter bestätigt. Das tat mir sehr

gut. Walter hat bei mir festgestellt, dass ich eine intellektuelle Ozean-Seele bin. Das kann ich selbst durchaus bestätigen, da ich als Mann doch ein sehr ausgeprägtes Gefühlsleben habe, jedoch mein Intellekt mir dabei hilft, die Gefühle richtig einzuordnen und die richtigen Schlüsse daraus zu ziehen. Auch bei mir erlebe ich Monsterwellen, kann damit aber sehr gut umgehen, so dass diese meist nach wenigen Minuten/Stunden wieder vorübergehen. In dieser Zeit praktiziere ich das „Sinnieren" und das Zwiegespräch mit meinem Schöpfer."
Wolfgang Beck,
IT-Fachmann, Pastoraltherapeut (ISA), ganzheitlicher Seelsorger (AsB) und Referent, Heilsbronn

„Meine beste Freundin ist eine extreme Ozean-Seele, und es ist schön, dass es endlich ein Wort dafür gibt – treffend, bildgebend und facettenreich. Ich selbst flute irgendwo zwischen der ruhigen und tieferen Seen-Welt durch das Leben.
Mit Walter Nitsches Zu- und Beschreibung des Bergsee- und Ozean-Typus kann ich seither Verhalten und Persönlichkeit von mir und anderen besser einordnen und leichter nehmen, wo ich mich früher gestoßen habe. Ich sehe das Konzept als gute und gelungene Verständnishilfe für beide Seiten, die das Zusammenleben erleichtern kann. Es trägt dazu bei, sich selbst und andere besser zu verstehen, dabei für vieles, was man selbst nicht unbedingt nachempfinden kann, Verständnis zu haben und manches stehen zu lassen."
Stefanie Engelhardt, Erzieherin, Mühlacker

„Durch die Typologie der Ozean-Seele kann ich andere und mich selber besser einschätzen und verstehen. Nun

weiß ich, dass ich als Ozean-Seele nicht kompliziert sondern facettenreich bin und auch Selbstzweifel und „Sich-in-Frage-stellen" zum Leben einer Ozean-Seele dazu gehören. Ich darf lernen, Gott dankbar zu sein, wie er mich gemacht hat. Außerdem nutze ich nun gezielt meine von Gott geschenkten intuitiven Antennen."
Anna-Lena Putschky, in Ausbildung zur Erzieherin

„Als ich zum ersten Mal auf einem Seminar eine Kurzbeschreibung über Ozean-Seelen von Walter Nitsche hörte, fühlte ich mich sofort angesprochen. Durch die sehr gut nachvollziehbaren und detaillierten Beschreibungen dieses speziellen Seelentyps konnte ich innerlich aufatmen, denn mir wurde nun klar, dass es sich bei mir nicht um einen Seelendefekt handelt, sondern eine vom Schöpfer reich ausgestattete Seelenbeschaffenheit, die als ein Geschenk gedacht ist und nicht als Problem. Klar ist jedoch, dass Ozean-Seelen mit ihrer vom Schöpfer erdachten, besonderen Ausstattung umzugehen lernen müssen, um in ihrem Leben in den vollen Genuss dieser mitgegebenen Privilegien zu kommen und auch ein besonderer Segen für ihr Umfeld zu sein. Diese völlig neue Perspektive wollte erst einmal verinnerlicht werden, denn dem theoretischen Wissen musste neues Erleben folgen, um wirklich von dieser Wahrheit profitieren zu können...

Natürlich kannte ich dieses stechende Gefühl des Nichtverstandenseins, das gerade umso schmerzlicher von den Menschen ausgelöst wurde, von denen ich wusste, dass sie von ganzem Herzen zu mir standen und sich für mich tatkräftig einsetzten. Scheinbar wollte fast niemand mit mir teilen, was ich aber real empfand, obwohl ich mir dessen bewusst war, dass diesmal dennoch nicht meine ganze Person abgelehnt wurde (was ich wenigstens hätte besser einordnen können). Durch die Beobachtungen und Ausführungen über Ozean-Seelen von Walter Nitsche kann ich mit diesem Phänomen heute ganz anders umgehen, was einen enormen Zuwachs an Lebens- und besonders an Glaubensqualität für mich bedeutet.

Seitdem ich begriffen habe, dass GOTT Menschen mit verschiedenartig ausgerüsteter Seelenkapazität ausgestattet hat, weiß ich, dass gewisse Reaktionen meiner liebgewonnenen Mitmenschen nicht aus Lustlosigkeit oder gar Ablehnung meiner Person gegenüber erfolgen, sondern dass es sich hierbei schlichtweg um zwei verschieden empfindende Menschen handelt und mein Gegenüber (sofern diese Person keine Ozean-Seele ist wie ich) meine Empfindungen gerade nicht nachvollziehen kann, selbst wenn er oder sie es wollte. Diese Erkenntnis löst keinesfalls Schmerz aus, sondern sie veranlasst mich in solchen Situationen, in Liebe und Dankbarkeit an meinen Schöpfer zu denken, um mich IHM in ungeschminkter und völlig ungeschützter Offenheit zu nähern, weil ER sämtliche Tiefen meines Seins erschaffen und erforscht hat und sich daran erfreut. So wird das Gefühl des Verlassenseins und Abgeschnittenseins von der Verbindung zu Menschen, die nicht so empfinden können wie ich, binnen Sekunden umgewandelt in eine tiefe Verbindung zu meinem geliebten GOTT, der der Anfänger meines Lebens und der Liebhaber meiner Seele ist. Die tiefe Erfahrung dieser individuellen Verbundenheit mit GOTT versetzt mich in die Lage, meinem Mitmenschen entspannt zu begegnen und auch nach unpassenden Aussagen nicht verletzt reagieren zu müssen.

Sehr wichtig finde ich hierbei, dass meine Haltung nicht im Geringsten auf Arroganz oder Besserwisserei basiert, sondern schlicht auf der Erkenntnis, dass GOTT Menschen verschiedenartig ausgestattet hat und niemand minderwertig ist, weder ich noch mein Gegenüber. Besonders bei lieb gemeinten Ratschlägen, um mich als exotisch empfindenden und zu detailliert und radikal denkenden Zeitgenossen etwas näher in die Richtung der allgemein akzeptierten Norm zu bringen, ist diese Haltung für mich sehr wichtig, um nicht selber verletzend und arrogant zu reagieren, was jede Beziehung kontaminiert. Dennoch brauche ich mich andererseits in die angebotene Schublade der Begrenzung nicht selbst hineinzubegeben, was eine Missachtung meiner von GOTT geschenkten Ozean-Seele wäre und somit zur Verstümmelung und im weiteren Verlauf zur altbekannten, traurigen Grundstimmung zurückführen würde.

Auch wenn seelische Reaktionen bei Menschen miteinander verglichen und standardisierte Verallgemeinerungen ausgegeben werden, weiß ich nun, dass ich in der eben beschriebenen Haltung für mich selbst feststellen darf, nicht zur Norm zu gehören. Da ich das Motiv meines Verhaltens vor mir selber und vor GOTT kenne und erklären kann, schützt mich dies vor anklagenden Selbstzweifeln und gefühlsmäßigem Durcheinander.

Was oberflächlich betrachtet z.B. als Perfektionismus mit pathologischem Potenzial erscheint, hat bei mir in Wirklichkeit seinen Ursprung in einer tiefen Sehnsucht nach ganzheitlichen Lösungen, was sich auf sämtliche Aktivitäten wie z.B. meine Denkprozesse, mein Glaubensleben oder meine Arbeitsmoral auswirkt.

Als Ozean-Seele genieße ich die Vielfalt, die GOTT kreiert und besonders auch die ungeahnte Freiheit, die GOTT schafft - im Gegensatz zu sämtlichen menschlichen Denk- und Glaubensansätzen, in denen sich so viel

Begrenzung widerspiegelt, weil diese einengen, standardisieren und schematisieren sowie Kreativität und Individualität binden. Alle Gaben GOTTES führen in Freiheit, die mir als Ozean-Seele so enorm guttut. Diese Freiheit ist keinesfalls zu verwechseln mit einem humanistisch-freidenkerischen und damit antigöttlichen Lebensstil, der ja gerade gnadenlos in Versklavung und Unfreiheit mündet. Aber diese Tiefe an reiner Liebe, felsenfester Gnade und bedingungslosem Angenommensein von GOTT führt in eine echte Freiheit, in der eine Ozean-Seele wie ich tatsächlich das Original sein darf, wie GOTT es geschaffen hat. Diese Freiheit befähigt, sich selbst loszulassen und einfach nur genießen zu können.

Früher wurden durch Unwissenheit die Negativwahrnehmungen meiner Ozean-Seele in Form von tief empfundenem Schmerz stärker als positive Gefühle wahrgenommen und dies beeinflusste nach einer einschneidenden Verlusterfahrung einen großen Teil meines Gefühlslebens. Ich beschäftigte mich mit verschiedenen Themen wie Austausch von Lügen mit GOTTES Wahrheit, Vergangenheitsbewältigung / Persönlichkeitsreifung, und ich durfte übernatürliche Heilung durch GOTT von folgenschweren Erlebnissen bis ins Körperliche erfahren. Als ich dann von den Zusammenhängen bzgl. des Phänomens Ozean-Seele hörte und die ganzheitliche Annahme und Bejahung meiner Person erleben durfte, erfüllte GOTT eine mir bereits Jahre vorher persönlich zugesprochene Zusage, mir besonders große Freude zu schenken. Plötzlich wurde ich von den überaus positiven Extremen überrascht, die eine Ozean-Seele bei explosiver Freude empfinden kann. Dass dieses extrem positive Erleben ebenfalls nicht viel mit der Norm zu tun hatte, war für mich nicht befremdlich, sondern amüsant, denn ich hatte verstanden, dass das Phänomen Ozean-Seele + gelebte Gottesbeziehung keinesfalls eine Krankheit ist, sondern puren Genuss bedeutet…"

Nicole Gahn, Lehrerin, Stuttgart

Kapitel 11

Fragen, die immer wieder gestellt werden

Ehe und Partnerschaft

„Sie haben ausführt, dass sich Bergsee-Seelen von Ozean-Seelen angezogen fühlen wie die Motten vom Licht. Und dann kommen die Probleme. Was aber, wenn diese beiden Extreme geheiratet haben? Empfehlen Sie dann Scheidung?"

Nein, sicherlich nicht. Ich war 20 Jahre lang in der Schweiz als Eheberater tätig – und da gab es für mich eigentlich nie einen „hoffnungslosen Fall", wenn beide Partner bereit waren, an ihrer Situation und an sich selbst zu arbeiten.

Wichtig ist hier verständlicherweise, dass beide ihre unterschiedliche Typologie erkennen und sich auf den Weg des Liebe-Lern-Prozesses machen.

In meinem Buch „Lieben will gelernt sein" (s. Anhang) führe ich aus, dass Liebe zuerst eine Willensentscheidung, eine innere Gesinnung ist, durch die unsere Gefühle beeinflusst werden. Und genau hier setzt die Lösung des Problems der großen Unterschiedlichkeit an:

Wir lernen, den Partner zu verstehen, ohne alles nachempfinden zu können.

Schauen Sie: Jesus Christus selbst kann alles verstehen. Ohne selbst beispielsweise jemals das Gefühl nachempfinden zu können, wie es sich anfühlt zu sündigen. Denn das hat er nie. Aber das echte Verständnis genügt uns. So auch in einer Partnerschaft. Wenn der andere merkt, er wird zutiefst verstanden (und das ist ein Ergebnis des Liebe-Lern-Prozesses), dann genügt ihm das in der Regel – auch wenn der andere es nicht nachempfinden kann.

So kann ich auch einen homosexuellen, wertvollen Menschen verstehen und ihn seelsorglich begleiten (was ich in meiner Beratungspraxis auch öfters getan habe), ohne es nachempfinden zu können, jemanden vom gleichen Geschlecht küssen zu wollen.

Hochsensibilität

„Sind hochsensible Menschen gleichzeitig auch Ozean-Seelen? Oder umgekehrt, sind alle Ozean-Seelen auch HSM (Hochsensible Menschen)?"

Nein, das ist nicht identisch. Elaine N. Aron beschreibt den Anteil von HSM (Hochsensible Menschen) mit 15-20% der Bevölkerung. Sie führt aus, dass diese Menschen ein empfindsames Nervensystem haben und sich deshalb viel leichter überfordert fühlen, wenn sie über einen zu langen Zeitraum starken Reizen ausgesetzt sind, von Geräuschen und visuellen Eindrücken überflutet werden, bis ihnen ihr Nervensystem Erschöpfung signalisiert.

Elaine N. Aron vermischt etwas die Symptomatik und für unsere Sprachbegriffe verwechselt sie oftmals Ozeanseelisches und Hochsensibles – wie es noch viel, viel mehr in einigen nachfolgenden christlichen Büchern zu finden ist.

Auch bei den sogenannten „Lastenträgern" wird vieles leider in einen Topf geworfen, wodurch manche Betroffenen noch mehr irritiert werden. Trotzdem beinhalten all diese Bücher auch viel Hilfreiches.

Der Psychoanalytiker C. G. Jung war in dieser Hinsicht jedoch etwas detaillierter. Er redete vom „sensitiven Menschen". Er kam selbst aus einer hochsensiblen Familie.

Hochsensibilität ist in erster Linie eine neurologische Veranlagung. Es handelt sich primär um eine körperliche Gegebenheit, die mit Nervenstimulation zu tun hat. Reize erhöhen das nervliche Erregungsniveau in besonderem Maße.

Bei HSM wird die sogenannte transmarginale Hemmung (Schutzfunktion des Organismus, die den Körper vor Überstimulation bewahrt) viel eher ausgelöst. Dieser Schutzmechanismus meldet sich einfach früher als bei Menschen ohne hochsensible Veranlagung.

Es ist empfehlenswert, sich näher mit der eigenen Hochsensibilität zu beschäftigen, um zu lernen, verantwortungsvoll damit umzugehen – um sie nicht als Last, sondern als Gabe zu erfahren.

Die Ozean-Seelen haben dagegen etwas mit einem Grund-Typus zu tun. Ozeanisches ist in unserer Psyche verankert – was natürlich auch Auswirkungen auf unser neurologisches Kostüm haben kann.
Es gibt also „ozeanische HSM" wie auch „Bergsee-HSM"!

Man sollte außerdem beachten, dass diese Symptome nicht nur bei den HSM auftreten, sondern auch Anzeichen und Auswirkungen eines Burn-Outs oder einer anderen psychischen Erkrankung (z.b. Depression) sein können.
Obwohl die betroffenen Menschen keine HSM-Persönlichkeiten sind, machen ihnen ähnliche Symptome zu schaffen, wie z.b. die Unverträglichkeit eines hohen Lärmpegels beim Zusammensein mit anderen Menschen.

Freundschaft und Persönlichkeitsreifung

„Sie empfahlen immer wieder, mit einer befreundeten, verständnisvollen Person darüber zu reden. Heißt das, dass wir alleine hier nicht weiterkommen?"

Doch, denn unsere Selbsterfahrung und Selbsterkenntnis ist die Basis, um unseren „Ozean" nicht nur besser zu verstehen, sondern das Potential, das in ihm liegt, auch positiv in unserem Leben zu nutzen. Dies ist zunächst einmal unabhängig von anderen Menschen. Vergleichbar ist dies mit dem Wachsen zum „holokleros" hin, was so viel bedeutet, wie eine liebevolle Beziehung zu meinem Bewußtsein, meiner inneren Persönlichkeit und Gott zu bekommen – als „Dreiheit" für ein erfülltes Leben.

Und trotzdem hat uns der Schöpfer die Sehnsucht nach zwischenmenschlichen Beziehungen ins Herz gelegt. Sind diese gekennzeichnet durch gegenseitige, authentische Unterstützung und Reflexion, sowie tiefen Gedankenaustausch, können sie nicht nur zutiefst motivierend sein, sondern sogar eine nicht zu unterschätzende therapeutische Wirkung haben.

In der ganzheitlichen Seelsorge-Ausbildung verwenden wir den Begriff „shoshbin-Freund". **Shoshbin** ist ein hebräischer Ausdruck und bezeichnet den „Freund des Bräutigams", den „ho philos". Im Johannesevangelium erklärt Johannes der Täufer seinen Jüngern, dass er dieser „ho philos" von Jesus sei und „seine Freude nun erfüllt sei", weil er der „Vorbereiter", der „Wegweiser" auf Jesus hin sein durfte. Seine Freude lag also im Unterstützen und Fördern.

Auch heute ist es noch Brauch in Israel, dass der shoshbin die Hochzeitsgeschenke einsammelt, bei den Vorbereitungen hilft und sich zur Verfügung stellt, wo er gebraucht wird.

Im Alten Testament bewachte der shoshbin das Zelt, in dem die Braut auf den Bräutigam wartete. Wenn er dann die Stimme des Bräutigams hörte, trat der shoshbin zur Seite und übergab die Braut dem Liebenden. Niemals hätte ein shoshbin die Braut selbst begehrt. Er hätte dadurch auch die ihm zugedachte Freude zerstört.

Der ganzheitliche Seelsorger nimmt also dem Ratsuchenden gegenüber die Haltung eines shoshbins ein: Er will ihm dazu verhelfen, zu dem zu werden, wie Gott ihn sich gedacht hat.
Diese Gesinnung ist auch in einer Freundschaftsbeziehung sehr wertvoll; denn in einer solchen shoshbin-Freundschaft kann sich die Seele immer mehr öffnen, weil liebevolles Erforschen, totale Annahme (egal unter welchem Versagen die Person leidet) und ganzheitliche Wertschätzung die Basis dieser Freundschaft darstellen.

Seien Sie deshalb offen für das Geschenk einer shoshbin-Freundschaft und bitten Sie Gott auch, dass er Ihnen hilft, selbst eine shoshbin- Gesinnung für andere zu entwickeln – dies eröffnet ganz neue Horizonte in unseren zwischenmenschlichen Beziehungen.
Für eine Ozean-Seele ist es verständlicherweise wichtig, dass ihr shoshbin auch eine Ozean-Seele ist, da jetzt zutiefst die Besonderheiten jeder Seele gegenseitig reflektiert werden können.
Empfehlung: AsB-Basis-Seminar „Geheimnisse tiefgehender Freundschaften" (vgl. Anhang)

Tiefe Freundschaft und Persönlichkeitsreifung erlebte Yvonne, die heute auch als AsB-Mitarbeiterin und Referentin tätig ist, so:
„Oft habe ich mich gefragt, warum ich nicht einfach so wie andere "funktionieren" kann. Meine Gefühle waren "wie unter einer Decke" gefangen und meinen intuitiven Antennen habe ich nicht viel Aufmerksamkeit geschenkt. Der Weg zu den wahren Bedürfnissen meines Herzens war verstellt. Große Probleme hatte ich auch

mit Ambivalenzgefühlen, die ich nicht einordnen und verstehen konnte.

Die Erkenntnis, eine Ozean-Seele zu sein, war für mich grundlegend für alle weiteren seelischen und geistlichen Wachstumsprozesse. Ich habe erfahren, was die Tiefenstruktur meines Wesens ausmacht, und dass Gott mich so geschaffen hat und liebt, er hat sogar Freude an mir und jubelt, wenn er an mich denkt!

Ein weiterer Schlüssel, um mein wahres Wesen zu entfalten, war das Erleben von tiefen Freundschaftsbeziehungen. Ein Freund ist jemand, der mir meine Schönheiten spiegelt, die ich selbst nicht sehen kann, der das Wunderbare erkennt, das Gott in mich hineingelegt hat und mir hilft, den Kampf gegen Selbstablehnung und Mutlosigkeit aufzunehmen; jemand, der auch vor meinen Schattenseiten nicht zurückschreckt, sie annimmt, aber auch kindische Verhaltensweisen in Liebe anspricht. Es ist ein Geschenk, wenn uns Gott solche Freunde an die Seite stellt, die uns ganzheitlich annehmen.

Ich musste es immer wieder neu wagen, mich zu öffnen und zu vertrauen; auch Irritationen und Enttäuschungen gehörten dazu – an denen man jedoch wachsen kann.

Bei Ozean-Seelen gehen Verletzungen tiefer und es braucht sicher auch weniger, um sie auszulösen. Doch ist man gemeinsam durchgegangen, führen sie in eine größere Vertrautheit hinein.

Nimmt jemand deine Monsterwellen und Schattenseiten an, dann erkennst du: Du kannst sie selbst auch annehmen, sie sind nicht so riesig und unannehmbar, wie du glaubst!

Ich habe zu einem authentischen und freudigen Leben und Christsein gefunden. Und nun will ich auch andere auf diesem Weg begleiten und ermutigen.

Jetzt vertraue ich auch meinen intuitiven Antennen viel stärker und kann mich dadurch einerseits Menschen, die mir guttun, eher öffnen, andererseits auch eher meine Grenzen wahrnehmen. Es ist mir wichtig geworden, meine Seele nicht mehr zu übergehen, wenn ich merke, dass sie in manchen Dingen einfach noch Zeit braucht. Ich lerne auch mehr und mehr den Facettenreichtum meiner Gefühle kennen, seelische Spannungen und Monsterwellen kann ich besser bewältigen. In einer liebevollen Präsenz können sie sich lösen. Sie gehören zu mir, aber ich gehe durch sie nicht unter. Es ist ein spannender Weg zu mehr Souveränität, den es sich lohnt zu gehen!

Yvonne Wieland, Religions- und Gemeindepädagogin, AsB-Mitarbeiterin, Königswalde

Woher stammt dieses Konzept?

„Woher stammt Ihr Konzept der Grundtypen? Warum ist es bei Therapeuten und Ärzten so wenig bekannt – findet man darüber denn nichts in der wissenschaftlichen Literatur?"

Die Schöpfungsbilder der zwei Gewässer stammen von mir – dadurch wird beim Leser ein „Kopfkino" erzeugt. Er kann sich die Typen viel besser bildlich vorstellen und ihre Unterschiedlichkeit erfassen.

Von den Grundtypen las ich in meiner Jugend bei Carl Gustav Jung.

Er beschreibt den „Ambivalenztypus" (AsB: Ozean-Seele) in seinem Werk „Psychologische Typen"[34], den er dem „Kollektivtypus" (AsB: Bergsee-Seele) gegenüberstellt.

C. G. Jung wurde 1875 als zweiter Sohn eines reformierten Pfarrers geboren, studierte an der Universität Basel Medizin, wurde 1905 Professor für Psychiatrie an der Universität Zürich und übernahm 1933 den Vorsitz der Internationalen Allgemeinen Ärztlichen Gesellschaft für Psychotherapie. Während des Nationalsozialismus fielen Jungs Schriften der Bücherverbrennung zum Opfer. Jung starb 1961. Heute sind den Psychologen vor allem seine Unterscheidungen zwischen Extravertiertheit und Introvertiertheit bekannt.

Ich möchte hier festhalten, dass ich kein „Jungianer" bin – und auch seine „spiritistischen Experimente" nicht gutheißen kann. Trotzdem muss man seiner „empirischen Psychologie" – also auf überprüfter Erfahrung beruhenden Erkenntnissen – Wertschätzung zollen. Er war ein genialer Beobachter.

Doch wir sollten bedenken: Er war Psychiater und seine Beobachtungen geschahen hauptsächlich in der Psychiatrie! Also bei Menschen, die mit ihrer eigenen Ozean-Seele nicht zurechtkamen und denen das „Surfen" auf ihren „Monsterwellen" noch nicht gelungen war. In der heutigen Gesellschaft würde man sie wohl als „gescheiterte Ozean-Seelen" bezeichnen. Obwohl ich mich strikt dagegen wehre, Menschen in der Psychiatrie als „gescheitert" zu benennen!

Jedenfalls findet man hier keine Beschreibung einer „gesunden Ozean-Seele". Daher gilt bei vielen Fachleuten eine Ozean-Seele grundsätzlich als „psychisch auffällig" bis hin zu „seelisch gestört". Nirgendwo konnten sie die „gesunde Alternative" nachlesen, obwohl Jung selbst mit seiner Individuation den Weg der Enteisung und Reifung hin zu einer gesunden Ozean-Seele beschritt – was jedoch von wenigen erfasst wird.

Lilian Frei ist Psychotherapeutin, studierte pädagogische und klinische Psychologie an der Universität Zürich und absolvierte die Ausbildung zur Dipl. Analytikerin am Jung-Institut in Zürich-Küsnacht. Mit ihr verbindet mich schon jahrelang eine freundschaftliche Beziehung.
Zur Jungschen Individuation schreibt sie:
„Das Ziel der Individuation, der Auftrag, liegt in der Erfüllung der eigenen Bestimmung. Nach C. G. Jung ist damit „das Gesetz Gottes, von dem es kein Abweichen gibt" gemeint. [35]
Damit verbunden ist die Erkenntnis, dass mein Leidens-/Lebensweg letztlich die Sichtbarwerdung meines eigenen, einzigartigen Person-Seins in all seinen Begrenzungen und Möglichkeiten zum Ziele hat. Jung schreibt: „Alle jene Augenblicke des individuellen Lebens, wo die allgemeingültigen Gesetze menschlichen Schicksals die Absichten, Erwartungen und Anschauungen des persönlichen Bewusstseins durchbrechen, sind zugleich Stationen des Individuationsprozesses. Dieser Vorgang ist nämlich die spontane Verwirklichung des ganzen Menschen" (GW 8, §557)"

Des Weiteren wurde der Ambivalenztypus (ambivalent = gegenpolig) von Ludwig Klages beschrieben.

Ludwig Klages gilt für Viele als der Begründer der wissenschaftlichen Graphologie (Ausdruckskunde der Handschrift). Was Wenige wissen: Er stellte seine Beobachtungen im Zuchthaus an. Dort wurden wieder Ozeantypen untersucht – und beschrieben – die im Leben gescheitert sind.

Bereits zu Entstehungsbeginn der Arbeitsgemeinschaft seelsorglicher Berater tauschten wir miteinander aus: Wir glauben nicht daran, dass Gott Menschentypen geschaffen hat, die entweder im Gefängnis oder in der Psychiatrie landen! Daher waren wir besonders motiviert, einmal die „gesunde Ozean-Seele" zu beschreiben!
Doch ich habe auch Verständnis für jene Therapeuten und Seelsorger, die diese Beschreibung (noch) nicht kennen und bisweilen „Fehldiagnosen" stellen.

Entstehung der AsB

„Wie entstand die Arbeitsgemeinschaft seelsorglicher Berater?"

Über ein Jahrzehnt trafen sich Christen aus verschiedenen Fachrichtungen, um sich über das Thema: „Was hilft in der seelsorglichen Praxis wirklich weiter?" auszutauschen.

Verschiedene Ärzte (Allgemein- und Fachmediziner, Psychiater u.a.), Psychotherapeuten, Seelsorger, Psychologen, Theologen, Soziologen, Pädagogen, ein Pharmakologe und ein Biochemiker hatten eines gemeinsam:

Sie wollten ihre Erkenntnisse und Erfahrungen überprüfen und erforschen, was biblisch fundiert und praktisch wirksam ist. Alle waren motiviert, aufeinander zu hören, voneinander zu lernen und sich praxisbezogen ehrlich und offen miteinander auszutauschen.

Dadurch entwickelte sich der Ansatz einer „ganzheitlich biblisch-fundierten Seelsorge", bei der aus verschiedensten Fachrichtungen jeweils alles geprüft und „das Beste" behalten wurde und zwar über alle Schranken von Kirchen, Konfessionen und Gemeinderichtungen hinweg.

Im Jahre 2002 führte dies zur Gründung des schweizerischen Vereins „AsB – Arbeitsgemeinschaft seelsorglicher Berater".
Durch AsB-Seminare und eine biblisch-fundierte Ausbildung in „ganzheitlicher Seelsorge" sollten nun diese wirksamen Prinzipien allen Christen zugänglich gemacht werden.

Neben meiner Haupttätigkeit als Seelsorger und Eheberater war ich 20 Jahre lang redaktionell bei einem wissenschaftlichen Magazin in der Schweiz tätig und hatte u.a. die Aufgabe, die Fachartikel von Wissenschaftlern aus den verschiedenen Fachrichtungen so zu bearbeiten, dass sie allgemein verständlich wurden.
Als Schulungs- und Ausbildungsleiter war es nun auch bei der AsB – neben dem Einbringen meiner vielfältigen seelsorglichen Erfahrung – meine Aufgabe, die verschiedensten seelsorglich-therapeutischen Prinzipien und Facherkenntnisse zusammenzufassen, auf den Punkt zu bringen und verständlich darzulegen.

Mit der biblisch fundierten „ganzheitlichen Seelsorge"
der AsB bekamen Interessierte nun eine sehr wertvolle,
praxisbezogene und effektiv begleitende Seelsorgemög-
lichkeit in die Hand, die sich inzwischen bewährt hat.
Schon viele Teilnehmer erlebten nachhaltig positive Le-
bens- und Beziehungsveränderung.

Der AsB-Fernkurs
Anfang 2013 wurde eine „Kompaktwoche" (Basiskurs
der AsB-Seelsorge-Ausbildung mit den sieben Basisse-
minaren) von drei Fernsehkameras aufgenommen, pro-
fessionell bearbeitet und auf 16 DVDs zusammenge-
stellt.
Zusammen mit sieben Seminarheften werden die DVDs
(20 Stunden Laufzeit) nun als Fernkurs angeboten, so
dass die Basisseminare zu Hause oder – was immer be-
liebter wird – in Hauskreisen eingesetzt werden können.
Das Tempo dieses Basis-Fernkurses kann dadurch indi-
viduell bestimmt werden.

Näheres erfahren Sie auf der AsB-Homepage:
www.asb-seelsorge.com
oder
fordern Sie die kostenlose Info-Broschüre der AsB an.

Anmerkungen

1 Ole Halesby: „Dein Typ ist gefragt", Witten 1994
2 Uwe Böschemeyer: „Vom Typ zum Original", Hamburg 2005, S. 4
3 ebd. S. 10
4 C. S. Lewis: „Was man Liebe nennt", Basel 1979
5 deutsche Übersetzung von „inopem me copia fecit", Ovid, Metamorphosen III, V. 466
6 AsB-Basis-Seminar „Geheimnisse wahrer Persönlichkeitsreifung" – vgl. Seite 233
7 Don Richardson: „Herren der Erde", Bad Liebenzell 1992
8 2. Tim. 1,12
9 Seminarheft „Geheimnisse des Angenommenseins", Hittnau ZH 2013
10 Viktor E. Frankl: „…trotzdem Ja zum Leben sagen: Ein Psychologe erlebt das Konzentrationslager", dtv, München 1982
11 Rolf Merkle: „So gewinnen Sie mehr Selbstvertrauen", Mannheim 2013, S. 15
12 Walter Nitsche: „Lieben will gelernt sein", Birkenfeld, 11. Aufl. 2015
13 Yvonne Wieland, Religionspädagogin und AsB-Referentin
14 Rolf Merkle, a.a.O. S.28
15 ebd. S. 71f
16 ebd. S. 73
17 ebd.
18 Christian Morgenstern: „Die unmögliche Tatsache"
19 Aurelius Augustinus: „Bekenntnisse"; Übersetzung von Otto F. Lachmann: „Die Bekenntnisse des heiligen

Augustinus", Leipzig, Reclam, 1888 [u.ö.] (Reclams Universal-Bibliothek; 2791/94a)

20 Diese jährlichen Treffen finden Sie unter „Termine" bei www.asb-seelsorge.com

21 Anmerkung: Es können allerdings auch Anfechtungen auftreten, ohne dass das eigene „sarx" in dieser Richtung jemals geprägt wurde!

22 Details im Basis-Seminar „Geheimnisse wahrer Persönlichkeitsreifung" – vgl. S. 233 – und Seminarheft, Hittnau ZH, 2013

23 Leider stand keine Quellenangabe dabei.

24 Joh. 8,44

25 Matt Galan Abend: „Leben Sie statt zu funktionieren", Augsburg 2012, S. 83

26 in Dr. Karl Frielingsdorf: „Gottesbilder. Wie sie krankmachen – wie sie heilen", Würzburg 2011

27 Andrea Stein: „Der wahre Gott ist anders", Homepage der Offensive junger Christen Reichelsheim, brennpunkt-seelsorge, Stand 2017
Andrea Stein bezieht in ihrem Artikel auch Ed Piorek, einen Pastor aus Kalifornien und sein Buch „Nahe am Vaterherz" (Gerth Medien, Asslar 2001) mit ein.

28 Dr. Karl Frielingsdorf, a.a.O.

29 Andrea Stein, a.a.O.

30 Tomas Sjödin: "Warum Ruhe unsere Rettung ist", Witten 2016

31 Walter Nitsche: „Sicher in Gottes Händen", Birkenfeld 2009

32 Andrea Stein, a.a.O.

33 Dr. Karl Frielingsdorf, a.a.O.

34 C. G. Jung: "Psychologische Typen", Olten 1971

35 C. G. Jung: „Wirklichkeit der Seele", 1947, S. 194

Der Autor

Walter Nitsche ist seit über 40 Jahren mit seiner Frau Iris verheiratet.
Die beiden haben vier erwachsene Kinder und lebten drei Jahre in Österreich und rund zwanzig Jahre in der Schweiz.

Neben einer Teilaufgabe als Redakteur in einem wissenschaftlichen Magazin wirkte Walter Nitsche mit seiner Frau über 20 Jahre in einer Seelsorge- und Eheberatungsarbeit mit. 1985 gründeten sie im Kanton St. Gallen den Christlichen Partnerschaftsdienst (cpd), eine gezielte Partnersuche nur für gläubige Menschen, durch den schon rund 3700 Christen ihren Ehepartner gefunden haben.

Seit 1998 leben sie wieder in Baden-Württemberg, wo Iris Nitsche das Team des cpd leitet und Walter Nitsche sich als Schulungsleiter der Arbeitsgemeinschaft seelsorglicher Berater (AsB) hauptsächlich der Seminars- und Schulungsarbeit widmet.

Walter Nitsche schrieb zu lebensberatenden Themen bisher 15 Bücher, von denen etliche in mehrere Sprachen übersetzt wurden. Auch seine praktischen Seminare und Vorlesungen sind weit über die Landesgrenzen hinaus gefragt.

In Ungarn bildete er christliche Eheberater aus, ist als Supervisor und Coach für Lebensberater und Sozialarbeiter tätig, und wird mit seinem reichen Erfahrungsschatz immer wieder als Beziehungs- und Seelsorge-Experte zu Radio- und Fernsehsendungen im In- und Ausland eingeladen.

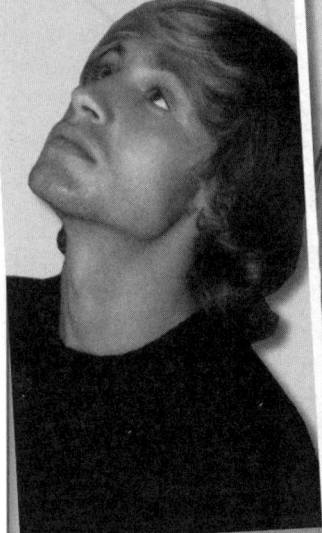
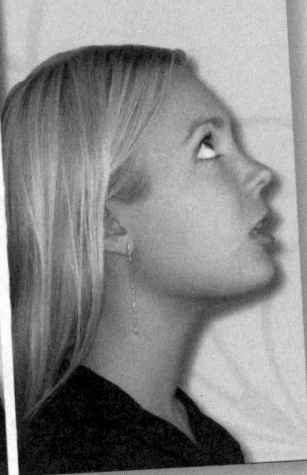

Walter Nitsche

Sicher
in Gottes Händen

Geborgenheit und Annahme in Gott erleben

edition φ philemon

Walter Nitsche
Sicher in Gottes Händen
Das Bewusstsein, in Gottes Händen bin ich sicher, führt uns
den Weg individueller Persönlichkeitsreifung. Dabei gibt der
Autor viele hilfreiche Anregungen, die sich in seiner jahr-
zehntelangen Praxis bewährt haben.

152 Seiten, Nr. 648307